・実はデータってこう見るんだ！・

Life Time Value

LTVを最大化させる「顧客データ」活用の教科書

5 LESSONS by Dr.DATA

SAKATA JUN
坂田純

ザメディアジョン

まえがき

みなさんはデータというものに対して、どのようなイメージをお持ちでしょうか?

データは難しい? データは複雑? データは冷たい? データは面倒臭い?……いろんな意見があると思いますが、ひとつ確かに言えるのは「データほど人間を正確に把握できるものはない」ということです。

多くの人はデータに対して、デジタルであり、人間臭さとは程遠いイメージを抱いていると思います。しかし30年以上データに親しんできた私に言わせれば、まったくそんなことはありません。むしろ正反対です。データを詳しく見ることで人間がわかるし、対面で話してもつかむことのできないその人の心情すらデータは可視化してくれます。

世の中には数学アレルギーの人が一定数いて、そういう人は数字がズラッと並んでいるだけで頭が痛くなったりしますが、本当にもったいないことです。特に会社や店舗が所有している顧客データには、宣伝やマーケティング、商品開発やサービス展開をしていく上でヒントとなる情報が山のように隠されています。データの"見方"を知ってしまえば、そこにある有益な情報を手にすることができるのに、そのノウハウを知らないがため、宝の山をみすみす見過ごしてしまっているというのが現状です。

◆

私は大学を卒業して以来、通信販売をやっている会社に勤め、これまでずっとデータと付き合う人生を送ってきました。販売するものの中身は美術品から健康雑貨に変わりましたが、郵便や電話、インターネットで寄せられる注文を元に、お客様のニーズや好み、性格や生活習慣を読み取ろうと必死で努力してきました。

少し想像すればわかることですが、通信販売というのは相手の顔が見えない商売です。対面で行われるビジネスと違って生身の接触がないため、お客様に関する情報というのは会員登録の時に記入してもらう住所・性別・年齢

といった顧客属性や、「○日に○○という商品を○円で購入」といった消費行動しかありません。

「会ったこともない人の何がわかるというんだ」。そう思う人の気持ちはわかりますし、私も最初はそう思っていました。顔も知らず、大半は言葉も交わしたことがない関係（郵便やメールでの注文情報のみ）の中で、一体その人の何がわかるというのでしょう。

しかし、この"データだけの付き合い"を突き詰めていくことで、私は次第に顧客の心が見えるようになっていきました。得られたデータを並べ替え、こちらの見たいように加工することで、顧客のペルソナ（人格）、顧客の欲求、顧客の行動パターンが読めるようになり、どのようにすれば彼らに満足してもらえるのか、どのようにすれば自社の製品を効率的に届けられるか予測できるようになりました。

その結果、私はその通販会社の社長となり、最終的には従業員数42人、年商50億円になるまで会社を成長させることができました。

◆

会社の売上を上げるためにデータ分析を行う過程で私が注目したのは、ロイヤルカスタマーと呼ばれる優良顧客でした。最近やっと「ファンマーケティング」という言葉が一般的になってきましたが、自社のファンになってくれ、半永久的な付き合いの中で定期的にお金を落としてくれるお客様ほどありがたい存在はありません。

そうしたロイヤルカスタマーの追跡は、データ分析の手法と非常に相性がいいものでした。現在「1人のお客様と生涯にわたってどれだけ取引できるか」という視点をビジネスに持ち込んだLTV（Life Time Value：顧客生涯価値）という概念が注目されていますが、まさにデータ分析によってLTVの伸長が達成できたのです。

◆

私はこうした過去の経歴から、社長退任後は「合同会社マーケデュケーショ

ン」を立ち上げ、さまざまな企業のコンサルティングに携わってきました。主な内容はダイレクトマーケティングに特化した人材育成・組織開発、データベースマーケティングの分析・企画立案・データベース構築です。

本書は私がこれまで培ってきたそうしたデータ分析のノウハウを、余さずお伝えするものです。

本書は先程も指摘した"数字アレルギー"の人にも理解していただくため、数字が苦手な1人の女性を相手に私が講義するという設定で執筆しました。難しいところでは質問をぶつけてくれ、たまには私にツッコミを入れてくれる"相方"との会話の中で、データとはどういうものか、データから何を読み取ることができるのか、なるべくわかりやすく、図表やまとめをふんだんに用いながら解説しています。みなさんはここに出てくる生徒＝桜花さんの立場になって、私からマンツーマンでデータ分析教室の授業を受けている気分で読み進めてもらえればと思います。

◆

何度も書きますが、データや数字の分析というのは人によって好き嫌いが大きく分かれる行為です。学生時代、理系の道を歩んできた人なら「苦手じゃないよ」となるかもしれませんが、データを分析するという行為に必要なのは理系的な考え方ばかりではありません。むしろ文系的な想像力だったり、アーティスティックな空想力、戦略的なシミュレーションセンスの方が重要だったりします。かく言う私も、もともと大学では文学部仏文科という理系とはかけ離れた学部に進んだ、数字が苦手な超文系人間だったりします。

今本書を手に取られているあなたはおそらく、「データやLTVには興味があるけど、数字に関してはイマイチ自信がない……」という不安をお持ちであろうと想像します。本書のターゲットはまさにそういう方です。

全5回にわたるLTV特化型データ分析教室・初心者編。きっと参加するだけで面白いし、これまでデータを避けてきたあなたのビジネス観を一変させてくれるはずです。

坂田 純

本書の登場人物

この本の先生
データ博士
（坂田 純さん）

経営コンサルタント。合同会社マーケデュケーション代表。かつて通信販売会社で社長を務め、ヒット商品を連発。その時の経験を基にしたデータ活用メソッドが評判となり、講演会やコンサルティングで日本各地を飛び回っている。豊富な知識と温厚な人柄から、自然と「データ博士」と呼ばれるようになった。趣味はこちらもデータを徹底活用した競馬予想。つい事業を恋愛にたとえて説明しがち。

この本の生徒
安田桜花 さん

30歳の時に夢だったカフェレストラン「Cafeアレグリア」をオープン。経営は順調だったが、コロナ禍を機に客足が激減。ただ、そこからキッチンスタッフと話し合い、アイシングクッキーを軸とする焼き菓子の通信販売「Dearアレグリア」をスタート。これが評判を呼び、現在は店頭で菓子販売を行いながら、カフェ営業と焼き菓子のEC販売も並行して行っている。事業は2歳年下のパティシエと共同経営でアルバイトが2人。現在36歳。

もくじ

002　まえがき
005　本書の登場人物

009　**LESSON 1**

データは宝の山

- ▶データ活用は事業拡大のため避けて通れない壁
- ▶データは働く人にとっての共通言語
- ▶データ活用の第一歩は基盤であるデータベース作り
- ▶データのカタマリをさまざまな「顧客属性」で分析
- ▶知恵と工夫を駆使してデータを集めよう！
- ▶数字の連なりから見えてくることがたくさんある
- ▶せっかく出会った人と、いかに長くいい関係を築けるか
- ▶商売はどれだけ上客を握っているかが重要

030　桜花の復習ノート｜**LESSON 1**

031　**LESSON 2**

データはLTVの入口

- ▶トータルでどれだけお金を使ってくれたかがLTV
- ▶ファンやロイヤルカスタマーを増やすことがLTVのカギ
- ▶LTV向上に向けた第一歩はデータの母数を増やすこと
- ▶データには顧客の真の姿が映り込んでいる
- ▶ロジックと想像力で顧客というブラックボックスを可視化
- ▶データにまつわる「PDCAサイクル」を回し続ける

045　桜花の復習ノート｜**LESSON 2**

006

047 ## LESSON 3

使えるデータの作り方

1. サマリー

▶ 顧客数が以前より増減したかをチェックする「サマリー」

▶ サマリーは全体の状況をざっくり把握するのに便利

2. 移行表（顧客動向表）

▶ これまで取引のあった顧客の遷移を示した「移行表（顧客動向表）」

▶ 一度は"付き合った"お客さんがどれだけ離れていったのか？

▶ 「移行表」を眺めることでどんなことがわかるか？

▶ 大事なのは数字ではなく、その奥に人の姿が見えるかどうか

3. LTV表

▶ 優良顧客の動向を多角的に分析する「LTV表」

▶ 顧客と心が通い合っている証がLTV

4. 購入履歴分析（RF分析）

▶ 移行表をさらに細かく分析した「購入履歴分析（RF分析）」

▶ 相手を知り、相手の状況にあったサービスを展開する

079 　桜花の復習ノート｜ **LESSON 3**

081 ## LESSON 4

実はデータってこう見るんだ！

1. 年齢

▶ 年齢層が高い方がLTVも高いし優良顧客になりやすい

▶ 年齢は顧客のペルソナやライフステージを想起しやすい

もくじ

2. 性別
▶ 男性の新規客獲得は難しいけど、一度付き合えれば離れない
3. 居住地
▶ 場所が変われば評価も変わるので早急な判断は禁物
4. 収入
▶ 顧客の収入は高ければ高いほどいいというわけではない
5. 初回購入商品
▶ 初回購入商品には顧客の一番のニーズや困りごとが表れる
6. 注文方法·支払方法
▶ サブスクはもっともLTVに近いサービス

101　桜花の復習ノート│**LESSON 4**

103　**LESSON 5**

データは地図

▶ データ活用の授業を受けて、最初にやらなければならないこと

▶ 経営が危なくなってからデータの統合をはじめても遅い

▶ データは自動的に蓄積される過去の記憶でありファクト

▶ 苦労して手に入れたデータはプロモーションにも活用できる

▶ データは人材育成のためのツールにもなりうる

▶ 既存顧客が3ヶ月連続で減っているのは経営が黄信号のサイン

▶ データは地図。経験で学んだことを書き込んでいこう

120　桜花の復習ノート│**LESSON 5**

121　あとがき

LESSON 1

データは宝の山

LESSON
1　データは宝の山

▶ データ活用は事業拡大のため避けて通れない壁

　ある日の昼下がり、1人の女性が建物のドアを叩きました。ドアの前に掛けられた看板には「データ博士の『実はデータってこう見るんだ！教室』」という文字が書かれています。

- ●桜花　……こんにちは。データ博士の事務所ってこちらですか？
- ◆博士　そうですが。安田……、桜花さんは経営に関する相談ですか？
- ●桜花　はい、私、カフェをオープンして6年になるんですが、最近もうちょっとうまくできないかと思うようになって。そしたら知り合いに「だったらデータ博士に会いに行った方がいいよ」って教えてもらったんです。
- ◆博士　なるほど。現在カフェを経営している、と。
- ●桜花　そうなんです。それが今、少しややこしいことになってて……ウチはオープンしてすぐにお客さんが付いて。ありがたいことに順調に進んでたんですけど、そこからコロナに入りましたよね。そしたらみんな外に出なくなって、お店にも人が来なくなって。
- ◆博士　それは大変でしたね。
- ●桜花　でもラッキーなことにウチは共同経営者の女の子がパティシエで。「お店がダメならインターネットで何か売ろう！」となってアイシングクッキーを作って売り出したらInstagramで評判になったんです。デザインもかわいいし、お客さんの誕生日や記念日に合わせてリクエストも受けたりして。他県からも注文が入るようになって、コロナ禍もそれで乗り切ることができたんです。
- ◆博士　ピンチをチャンスに変えたというか、コロナをきっかけに新たな事業が生まれたわけですね。それまでEC事業（通信販売）はやってたんですか？
- ●桜花　いえいえ、全然。私は目の前のカフェを回すのに必死だし、インターネットは得意じゃないないから、ECとかそういうのはまったく考え

データ博士の相談者ファイル

■氏名
安田桜花さん

■職業
Cafeアレグリア
Dearアレグリア
経営者

■経緯・相談内容

6年前に「Cafeアレグリア」をオープン。すぐに常連客ができ、順調なスタートを切る。

↓

コロナ禍にEC事業を開始。「Dearアレグリア」を立ち上げる。同時に店頭のテイクアウトなども開始。

↓

事業は多角化したが、要素が増えてパンク寸前……。各事業をさらに拡大し売上を上げるためにも、現状の整理が必要と判断し、データ博士を訪れる。

てなくて。バイトの若い子やECに詳しい先輩に話を聞いてがんばってみたんです。そしたら意外と合ってたっていうかヒットしちゃって。ちょうど時代にも合ってたんでしょうね。

- ◆博士　それで今はどうしてるんですか？
- ●桜花　コロナが終わった今はカフェも開けながらECも続けてて。お店の店頭でもECで人気のクッキーやフィナンシェの販売をはじめました。
- ◆博士　話を聞いてると、コロナ禍をきっかけにEC事業もスタートして、お店とネットの二刀流。お店にお客さんも戻ってきたようだし、なんの問題はないように見えますが。
- ●桜花　確かに外から見たらそうなんです。売上的にはお店の「Cafeアレグリア」もECサイトの「Dearアレグリア」も順調なのですが、私的にはちょっとマズいんじゃないかと感じてて……。
- ◆博士　マズいと感じるのは、どういう部分で？
- ●桜花　事業がややこしくなってきて、もう私の頭が追いつかないんです！これまでは目の前のお客さん相手にお店を回すだけでよかったのに、

LESSON
1 データは宝の山

ECがはじまってからはそっちもやらないといけないし、今はお店とEC、さらに店頭のテイクアウトなど要素が増えて頭がパンクしそうで……。

◆ **博士** コロナを乗り越えられたのはよかったけど、確かに事業が建て増し住宅みたいになってますね。

● **桜花** そうなんです。このあたりで一回全体を整理した方がいいんじゃないかと思って。そんな時にECサイトのアドバイスをもらった先輩に「桜花ちゃんはもっと数字のことを勉強した方がいいと思うよ。データ博士を紹介してあげるから一度行ってみたら？」って言われたんです。

◆ **博士** そもそも桜花さんは学生時代、算数とか数学は好きでした？

● **桜花** いえ、まったく！　私はとにかく勉強が嫌いで、人とワイワイするのが好きだからカフェをはじめたような人間で。愛嬌とコミュ力には自信があるけど、数字は見てるだけで頭がクラクラしてきます。

◆ **博士** そうですか……でも今の状況を整理整頓して、会社の売上を上げていくには数字と向き合わないといけませんよ。数字、というかデータなくして今以上の事業の拡大ナシ！　これまでは店舗だけだったから桜花さんの肌感覚だけでなんとかなってたけど、ECもスタートしてこれを伸ばしていきたいならデータについて真剣に学ぶ必要があります。それに挑戦する気持ちはありますか？

● **桜花** はい！　私、これから新しいお店も出したいし、軌道に乗ってるECももっと突き詰めたいし。そのためには頭がクラクラするとか言ってられません。会社の成長のためにデータについて学びたいと思います。

　今回相談にやって来た桜花さんは典型的な例かもしれません。店舗やECなどいろんなカタチで事業を展開していったため、データが散らかってしまってどうしていいかわからなくなってしまったパターンです。

　これまでは自分の頭の中の「感覚」だけでなんとかなってたかもしれませんが、事業が拡大して、もうワンスケール成長するには客観的に物事を捉えられるデータの活用が欠かせません。

012

データは働く人にとっての共通言語

- ◆博士 そもそも私のモットーは「データは宝の山」っていうんですけど、桜花さん、ちゃんとデータ活用してます？
- ●桜花 一応ECのお客さんの住所とか購入金額とかは全部蓄積してますし、カフェのお客さんもドリンク割引券と引き換えにLINEやInstagramの登録をお願いしていて。登録者数だけなら全部で1,000人は超えてるんじゃないかな？
- ◆博士 ちゃんとデータを取っているところはエラいですけど、データって使わないと意味がないですからね。今のままだと宝の持ち腐れですよ。
- ●桜花 私が持ってるデータも宝になるんですか？
- ◆博士 ええ。データって適切に使うともっといい商売ができるし、いいお客さんにも恵まれます。**いいお客さんっていうのは、こちらからアプローチしなくても何度も繰り返し買ってくれる人のこと。**データの中にはそういう上客が隠れているので、それを見つけ出せればビジネスの質がアップします。
- ●桜花 データの中に上客が隠れてる？　かくれんぼしちゃってるんですか？
- ◆博士 かくれんぼしてるっていうのはいい表現ですね。商売って桜花さんみたいにセンスのいい人は、データを見なくても感覚的に上客を発見できるし、自然と優遇してたりするんです。だけどお店が大きくなってスタッフが増えてくると、みんながみんな桜花さんみたいにビジネスセンスがあるわけではないでしょう？
- ●桜花 確かに私の相方のパティシエは、デザート作りは一級品だけど商売はからっきしダメで。バイトちゃんもまだまだ頼りなくって。
- ◆博士 **データってそういうビジネスのポイントを誰もがわかる形で顕在化させてくれるんです。傾向や予測を可視化して、それを元にみんなで話し合って、課題やイメージを共有することができる。**たとえば桜花さんは新商品の投入タイミングや顧客に送るDMの文面をどうやって決めてますか？

LESSON 1 データは宝の山

- ●桜花　基本的には私の経験値というか直感ですね。
- ◆博士　でしょうね。桜花さんみたいにビジネスセンスのある人ならいろんな判断を勘でやっても大丈夫なんです。でもそれってみんなには伝わらないですよね？　だけどたとえばAのメールで顧客にDMを送ったら20人がお店に来た、Bのメールだと10人だった、となると「Aの文面の方がBよりお客さんに刺さりやすい。よし、次からはAのやり方でやろう」って判断できますよね。こういう方法を「ABテスト」って言いますけど、これを繰り返していくと何が自社にとって有効なのか、統計的に、ロジカルに明らかになるんです。
- ●桜花　これまで自分の肌感覚でやってたので、そんな理詰めで考えたことなかったです……。
- ◆博士　**直感は説明できないけど、データで見せられると共有できるし、みんなも納得できますよね。**その結果、ムダな試行錯誤がなくなって、お店にとっての「勝利の方程式」が確立できます。方程式っていう

■ 博士のABテスト

目的に向けたアプローチのために、複数の要素をテストし、自社固有の課題解決を追求する手法

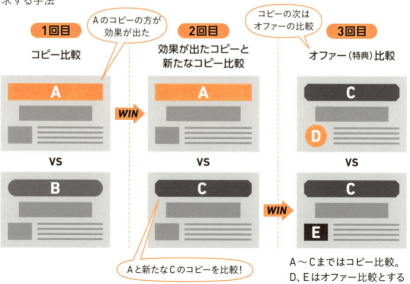

014

のは誰がやっても成り立つ普遍性があるって意味です。だからデータは働く人にとっての共通言語だとも言えるんです。
- 桜花　ちょ、ちょっと……「データは宝の山」に「データは共通言語」……いまメモをとりますから待ってください！

「データは宝の山」に「データは共通言語」……。なんか格言がポンポン出てくるんだけど、この人、何者!?

データ活用の第一歩は基盤であるデータベース作り

- ◆博士　データを集めてるって言いましたけど、桜花さんのお店はどんなふうにデータを集めてるんですか？
- ●桜花　店舗はリクルートの「レストランボード」を使ってて、それでお客さんの名前、電話番号、来店履歴、注文メニューなどを管理してます。予約を受けた時に電話番号をお聞きして、過去に来店されてる方であれば、その番号に紐付けて手入力で打ち込んでいく仕組みです。
- ◆博士　電話番号で紐付けているとしたら、最初は固定電話で登録して、次から携帯電話の番号を使用された場合は？
- ●桜花　そうなると別々で登録されちゃうかもですね……。基本は手入力なのであくまで担当者の判断というか、そんなに厳密に区別してないです。
- ◆博士　むむむ、もったいない。データはそれだけ？
- ●桜花　ウチは「ホットペッパー」や「ぐるなび」にも登録してるので、そっちから予約してくださった方はそっちにデータが溜まってます。
- ◆博士　あとECもありますよね？
- ●桜花　ECは名前、住所、メールアドレスなどを必ず入力してもらえるのでデータを集めるのはラクですよね。そっちはそっちで集めてますよ。
- ◆博士　ということは整理すると、カフェはレストランボード、ホットペッ

LESSON 1 データは宝の山

パー、ぐるなびでそれぞれ顧客データを預かり、ECはECサイトでデータを取ってるってことですか？

- ●桜花 あとお店の公式LINEや公式Instagramの登録をしてくれているお客さんもいます。そういう方たちのアカウントもわかります。
- ◆博士 じゃあレストランボードに登録してる人がホットペッパーで予約したり、LINE登録してる人がECサイトで買物したりしても……。
- ●桜花 そのへんはゴチャゴチャです。別々に登録してるので、もうお手上げです。
- ◆博士 もったいない！　桜花さんのお店は、まずそこからですね。**まず最初にやるべきは、いま別々に取っているデータをまとめて、1つのプラットフォームに統合することです。**
- ●桜花 それってめちゃくちゃ大変じゃないですか？　言い訳になりますけど、最初はECをやるつもりはなかったからパッと作っただけだし、ホットペッパーもぐるなびも誘われたからはじめただけだし、Instagramもスタッフがやってくれたからはじめて……。
- ◆博士 いいですか、桜花さん。データを活用するための第一歩は、まずデータを加工するための基盤であるデータベースを作ることなんです。今の桜花さんのデータ管理は建て増し住宅状態で、基盤が統一されてないんです。「すべてのデータが、ほしい要素が全部そろった状態で、

■ データベースの活用

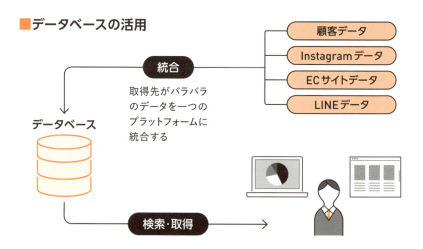

1人の漏れなく着実に溜まっていくシステム」を早く構築しないと
もったいないですよ。今すぐデータの統合作業をはじめてください、
早く、さあ早く！
- ●桜花　10分前に会ったばかりなのに、そんなに急かさないでくださいよ！

　データ活用の第一歩は、まず自分の好きなように加工できるデータを作ることです。みなさん、料理をする前に材料を切ったり調味料を混ぜ合わせたりといった「下ごしらえ」をしますよね。あらかじめ下ごしらえされた状態で材料が用意されていると、「これを作ろう！」と思った時にすぐに対応できて便利ですよね。

　さらに、料理を作るには、作りたい料理のための材料を買っておかなければなりません。常に必要な食材が、旬の状態で家に届けられたら便利ですよね。それも「これは八百屋、これは肉屋、これは魚屋……」と分かれてるんじゃなくて、全部まとめて届けられたら最高です。

　必要なデータが自動で溜まっていくデータベースを作るというのは、つまりそういうことなんです。すぐに調理に入るため、材料調達と下ごしらえまで一気に済ませてしまうということです。

データのカタマリを さまざまな「顧客属性」で分析

- ●桜花　まずはすべてのデータを一元化したデータベースを作ることが先決なんですね。
- ◆博士　そうなんです。というのもデータベースがあってこそ「顧客属性」によるデータ分析が可能になるんです。顧客属性っていうのは性別、年齢、購買履歴など顧客が持ってる情報のこと。それを分析することがマーケティングの基本になります。
- ●桜花　えーっと……「顧客属性」ですか？
- ◆博士　たとえばホットペッパーから来たお客さんとぐるなびから来たお客

017

LESSON 1 データは宝の山

さんの顧客データを比較して、「ぐるなびから来たお客さんの方が客単価が高いな」ってことがわかったら「じゃあホットペッパーよりぐるなびの方に広告を出した方がいいかも」って判断ができますよね。さらにそこから「客単価が低いということはホットペッパーの利用者は年齢層が若いのかも」って仮説が立てられるし、「だったら若者向けの新商品はホットペッパーで告知した方が有効」といった戦略を立てることができます。**これは「ホットペッパー利用者」という顧客属性の特徴、「ぐるなび利用者」という顧客属性の特徴を把握することで、それをマーケティングに活かした例です。**

● 桜花　なるほど、属性で区分することで、お客さんの姿を具体的に想像するんですね。

◆ 博士　あと、どういう経緯でお店に来たかによっても、お客さんに対する信頼度は変わりますよね。たとえば電話予約のお客さんとネット予約のお客さんって、何かイメージが違いません？

● 桜花　経験的にはネット予約の方はドタキャンが多くて、直接お店に電話をくださった方は間違いないっていうのはあります。

◆ 博士　それは桜花さんの経験則ですけど、ある程度のサンプルがあれば、「ネットから来店した人」「直接電話をかけて来店した人」、それぞれの属性の傾向がデータで客観的に判断できます。**データを集めることでこうした顧客属性による分析を可能にすることが、データの役割になります。**

● 桜花　さっき言ってた「ABテスト」も顧客属性に当たるんですか？

◆ 博士　当たらずといえども遠からずですね。パターンAでDMを送って20人から注文が来たという内容をさらに顧客の年齢属性で分析して、「20代には有効だったけど40代以降には不評だった」って分かれば、「パターンAは若者向けの商品やイベント告知の際に使おう」とより細かく対策が練れます。

● 桜花　だんだん博士が「データは宝の山だ」と言ってる意味がわかってきました。データっていうカタマリを、顧客属性っていう切り口で分析してみることで、見えない顧客の姿を想像する——そういうことですよね？

- ◆博士 そういうことです。パターンAのDMが若い人に有効だとわかったら、DMの内容を若い人向けに変えてみると、今よりもっと刺さるかもしれない。見えない顧客の姿を見える化する作業は、特に顧客の顔が見えないECの運営に役立つんです。
- ●桜花 私はお店に出てるから、リアルにお客さんの顔を見て、頭の中で注文内容や平均単価を覚えてますけど、それってECじゃ通用しないですもんね。それに数字はウソをつかないし、忘れもしないし、記憶違いもない……お客さんも増えて私の記憶力も限界が近づいていたので、やっぱりデータ分析の導入は必要です！

お客さんのこと、自分ではわかってるつもりだけど、「それってホントに正しいの？」って思うこともある。データなら客観的に分析できるし、みんなとも共有できる。これってすごく重要かも。

知恵と工夫を駆使してデータを集めよう！

- ◆博士 ちなみに「Cafeアレグリア」と「Dearアレグリア」でもDMを送ったりするんですか？
- ●桜花 時々やってますけど、それも私の気まぐれです。そもそもメールアドレスやLINEのアカウントがわかってて、メールが送れる状態にある人が200人くらいしかいなくて。
- ◆博士 登録総数は1,000人なのに、DMを送れる人は200人しかいないんですか？　それももったいないですよ。宝の持ち腐れですよ！
- ●桜花 もったいないモッタイナイって……だって普通のお客さんは面倒だからアドレスとか教えてくれないじゃないですか。ECで入れてくれたとしても「DM送っていいですか？」っていう項目にはバツされたり。
- ◆博士 お店側がお客さんと直接つながりを持てるメールアドレスや住所と

LESSON
1 データは宝の山

いったデータは、データの中でも特に貴重です。いったんつながってしまえばDMも送れるし、さっきのABテストみたいなこともできるし。とにかくお客さんの情報は多少知恵を絞ってでもゲットする努力をした方がいいですよ。

● 桜花　努力ってたとえば？

◆ 博士　ECの世界では「DMは不要です」って言われないために、お客さんが「メールをもらってもいいかな」と思えるような一文を添えたりするんです。たとえば「特別セールなどオトクな情報をお届けします」とか書いてあったら「もらってもいいかな」って思いません？あと「生年月日を入力ください」って書くとイヤな感じがするけど「誕生日をご記入いただくと誕生日プレゼント等のご案内をさせていただきます」と書くと「書いてもいいかな」ってなりません？

● 桜花　なるかも！　人はオトクな情報に弱いですからね（笑）。

◆ 博士　せっかく知り合ったのに連絡先も聞かずに帰すなんてモッタイナイにもほどがありますよ。連絡先をもらったらこっちのもの。そこからはDMや割引情報といったアプローチを駆使して、振り向いてもらえるまでアタックすればいいんです！　ハガキや封書の場合は別だけど、メールでのDMは200人に送ろうと50,000人に送ろうと一緒ですから。せっかくだったら同じ努力で多くの人にDMを送れた方が効率的ですよね。そのためにはなるべくお客さんからデータをもらえるよう工夫したいところです。**特にアドレスやアカウント情報は有益情報なので、多少ムリしてでも集める価値はありますよ。**

● 桜花　今LINEやInstagram登録者にドリンク割引券を出してましたけど、今後はメールアドレス記入者にも割引券を出すことにしましょうか。まずは連絡先をゲットして、そこからは振り向いてもらえるまで猛アタック！――ですよね、博士？

　今桜花さんがお客さんのメールアドレスに執着してないのは、データの活用法がまだよくわかってないからだと思います。データはそこに価値を見出してない人にしてみれば「だから何？」って感じだけど、活用法を知ってる人にとっては多少の費用をかけてでもほしいものです。

そういう視点で見ると世の中のいろんなサービスの裏側が見えてきませんか？「LINEに登録したら○○プレゼント」とか「メールアドレスを記入してもらえればオトクな情報を送ります」とか……それって店側（企業側）は本当は何をほしがっているんでしょう？

数字の連なりから見えてくることがたくさんある

- ◆博士　もう少し具体的な話をしましょうか。さっきからデータが大事と言ってるけど、じゃあ実際どういうデータを集めて、どうまとめておけば便利なのか。これを見てください。
- ●桜花　これは何ですか？

生徒番号	0001
氏名	佐藤　武
氏名(カナ)	サトウ　タケシ
mail	sato@xxx.co.jp
郵便番号(ハイフンなし)	1400001
電話番号	0312345678
住所	東京都　　品川区　　品川1-2-4
生年月日(yyyy/mm/dd)	2014/5/1
年齢	10
入会日	2021/1/30
在籍月数	42
出席回数	4
入会経路	HP
入会理由	ダンス
月謝額	¥15,000
累計売上	¥110,000
オプション入金回数	3
退会日	0
退会理由	0

LESSON
1 データは宝の山

◆博士 これは友人が運営する音楽教室の顧客リストを作成するため、私が Excel で作った入力システムのデモになります。入会順に「生徒番号」をナンバリングしていき、基本その番号に全データが紐づいているというシンプルな形になってます。

●桜花 生徒番号の下に「氏名」「メールアドレス」「郵便番号」「電話番号」「住所」「生年月日」「年齢」といった顧客属性を記入していくんですね。

◆博士 「入会日」を入れておくと、その下の「在籍月数」が自動で更新されていくようにしています。「月謝額」と「累計売上」の部分も同じですね。

●桜花 この「入会経路：HP」「入会理由：ダンス」っていうのは何ですか？

◆博士 入会経路はHPや広告や生徒の紹介など、どこで音楽教室を知ったのか。入会理由は「ダンスをやりたい」「歌がやりたい」「表現に興味がある」「人見知りを直したい」などいくつかの項目を作って選択式になっています。

●桜花 ちゃんと「退会日」や「退会理由」の項目もあるんですね。これがお客さんの情報収集の基本フォーマットなのか……。

◆博士 決まった形式でデータを集めた後は、そのデータを用途に応じて加工するんです。たとえばこれをこういうふうにまとめたらどうでしょうか？

1	2	3	4
番号	姓名カナ	姓名	mail
0001	サトウ　タケシ	佐藤　武	sato@xxx.co.jp
0002	タナカ　カオリ	田中　香織	tanaka@ccc.com
0003	ヨシダ　ジュン	吉田　潤	yoshida@rrr.jp
0004	タカハシ　カナコ	高橋　夏菜子	takahashi@qqq.com
0005	オザキ　ユキ	尾崎　由紀	ozaki@iii.jp
0006	マキノ　ヒロコ	牧野　浩子	makino@nnn.com
0007	ヤマダ　ケンジ	山田　賢治	yamada@ttt.com
0008	アキノ　エリナ	秋野　絵梨奈	akino@ppp.com
0009	オカダ　ケイ	岡田　圭	okada@qqq.com

1	5	6	7	8	9
番号	郵便番号	都道府県	市区町村	住所	電話番号
0001	1400001	東京都	品川区	品川1-2-4	0312345678
0002	1400002	神奈川県	横浜市鶴見区	鶴見町11	0451234567
0003	1400003	東京都	渋谷区	恵比寿1-1-1-303	0032345678
0004	1400004	埼玉県	さいたま市大宮区	大宮2-2-4　マンション○505	0421456789
0005	1400005	東京都	品川区	品川1-2-5	0281456789
0006	1400006	神奈川県	横浜市鶴見区	鶴見町12	0272301233
0007	1400007	東京都	渋谷区	恵比寿1-1-1-304	0263145678
0008	1400008	埼玉県	さいたま市	大宮2-2-4　マンション○506	0253990122
0009	1400009	東京都	品川区	品川1-2-6	0244834567

1	10	11	12	13	14	15
番号	保護者名	月謝額	入会日	入会経路	紹介者	入会動機
0001	佐藤　弘子	15000	2021/1/30	HP		ダンス
0002	田中　敦子	15000	2021/1/30	LP		ダンス
0003	吉田　由紀	15000	2021/2/25	HP		歌
0004	高橋　春江	15000	2021/4/22	広告		人見知り
0005	尾崎　源道	15000	2021/5/1	HP		ダンス
0006	牧野　聖子	15000	2021/10/10	広告		歌
0007	山田　治夫	15000	2022/3/10	紹介	吉田潤	ダンス
0008	秋野　治	15000	2022/5/25	LP		表現
0009	岡田　美砂子	15000	2022/11/2	HP		表現

1	16	17	18	90	180	270	360
番号	退会日	退会理由	生年月日	LTV3	LTV6	LTV9	LTV12
0001			2014/5/1				55,000
0002	2022/3/30	進学	2013/6/1				55,000
0003	2022/5/20	転居	2012/12/20				70,000
0004			2013/2/11			55,000	155,000
0005			2015/1/4			55,000	155,000
0006			2014/8/4	55,000	100,000	100,000	100,000
0007			2015/3/10	70,000	70,000	70,000	70,000
0008			2014/11/5				
0009			2013/2/3				

LESSON 1 データは宝の山

●**桜花** めちゃくちゃわかりやすい！ リスト形式でまとめるとお客さんの全体像が一目でわかります。

◆**博士** データの加工法はそれだけじゃないんです。たとえば下の表のように加工したらどうでしょう？ あ、LTV3、LTV6、LTV9……っていうのは、入会後3ヶ月間、6ヶ月間、9ヶ月間で通算どれだけのお金を使ってくれたかを示してます。前ページの表の最下段の右端の部分にも同じような項目がありますね。

●**桜花** この表をどう見ればいいんですか……??

入会経路	LTV3	LTV6	LTV9	LTV12
HP			55,000	280,000
広告	55,000	100,000	155,000	255,000
紹介	70,000	70,000	70,000	70,000

入会動機	LTV3	LTV6	LTV9	LTV12
ダンス	70,000	70,000	125,000	335,000
歌	55,000	100,000	100,000	170,000
表現				
人見知り			55,000	155,000

ダンス志望は歌志望の倍近く

歌志望の方がダンス志望より多い

◆**博士** LTV12っていうのは、入会後1年間って意味なので、この図を見ることで「HPから来た子は1年間に28万円使ってくれた」「広告から入ってきた子は1年間で25.5万円」「ダンス希望の子は33.5万円」……ということがわかります。

●**桜花** それがどうしたんですか……？

◆**博士** この数字をじっと見て何か思いません？ ここから見えてくることがたくさんありますよ。

●**桜花** ただ数字が並んでるだけで何も……。

◆**博士** たとえば「年間で考えると、ダンス志望の子からの収入は歌志望の子の倍近くある」ってわかりますよね。でもLTV6のところを見てください。半年の段階では歌志望の子の方が金額は多いんです。

●**桜花** ほんとだ。

024

- ◆博士　つまりこういう仮説が導けませんか？　「歌志望の子は最初はやる気があって飛びつくけど、ダンス志望の子の方が息は長い。だったらダンス志望の子を中心に集客した方が経営は安定するんじゃないか？」って。
- ●桜花　あ、確かに。
- ◆博士　「あと人見知りを直したい生徒さんも結構定着してるので、広告表示に『人見知りも直せます』ってコピーを入れたらもっとお客さんが増えるかも」とか。
- ●桜花　なるほど！　ただの数字の羅列だと思ってたけど、そこまでわかるんですね。
- ◆博士　わかるんじゃなくて、データはあくまでもデータ。そこから意味を読み取るのは人の目です。この教室ではそうできるように桜花さんの目を鍛えていくんです。
- ●桜花　これが博士が言ってた「データは宝の山」って意味なんですね。確かにこれは宝の山かもしれません！

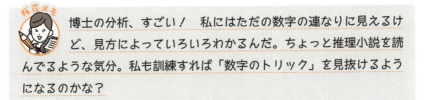

博士の分析、すごい！　私にはただの数字の連なりに見えるけど、見方によっていろいろわかるんだ。ちょっと推理小説を読んでるような気分。私も訓練すれば「数字のトリック」を見抜けるようになるのかな？

LESSON
1 データは宝の山

せっかく出会った人と、いかに長くいい関係を築けるか

- ◆博士　今の例を見てもわかる通り、結局すべての基本は個人のデータなんです。それをコツコツと溜めて、自分の使いやすいように加工することで、事業の役に立つ傾向や予測ができる状態まで持っていく、それを究めたのが「RF分析」と呼ばれるもので──。
- ●桜花　待ってください、メモします！　RF分析……。
- ◆博士　RF分析は後でしっかり説明するので今回は聞き流すだけでいいですけど、RとFは「最終購入日（Recency）」「購入頻度（Frequency）」の略で、たとえばこういう感じになります。

RF分析

F（購入回数）＼R（直近の月数）	1	2	3	4	5	6	7	8	9	10	11	12
1	605	469	506	462	491	548	587	502	325	330	304	333
2	261	243	173	159	162	162	177	144	108	109	104	114
3	157	162	96	87	97	84	87	63	49	65	52	57
4	138	108	83	56	47	40	44	48	36	36	37	29
5	124	86	41	28	41	30	25	23	28	24	16	24
6	92	88	23	31	27	28	26	23	20	23	19	24
7	69	60	27	21	17	20	15	13	10	15	14	9
8	60	44	23	16	15	17	10	7	7	12	12	6
9	52	44	17	16	13	15	12	10	9	12	5	5
10	41	39	13	9	16	9	9	5	5	7	3	5
11	46	37	20	7	3	6	6	6	6	10	6	3
12	24	25	8	7	6	5	9	4	4	3	3	4
13	25	35	9	10	7	5	2	9	2	5	4	5
14	37	24	9	6	3	3	3	2	3	4	3	3
15	22	18	7	7	3	3	1	4	0	3	2	2
16	21	24	4	5	7	4	1	3	1	1	1	1
17	25	14	2	4	3	4	3	2	1	2	1	1
18	24	11	6	3	5	2	3	3	5	2	1	1
19	24	16	4	4	1	4	1	1	2	1	1	0

直近3ヶ月で11回購入してくれた人が20人

直近7ヶ月で3回購入してくれた人が87人

●桜花　ああ、もうムリ……頭がガンガンしてきました……。

◆博士　あきらめないで！　横軸のR1、R2、R3……というのは直近1ヶ月、直近2ヶ月、直近3ヶ月……に商品を購入した方、縦軸のF1、F2、F3……というのは購入回数を示しています。こうやって見ると「ここ半年で11回以上購入している優良顧客」や「ここ6ヶ月間購入がない休眠顧客」の状況がわかります。両者はそれぞれタイプが異なるので、たとえば優良顧客には新商品案内、休眠顧客にはクーポン割引の配布など、効果的なアプローチ法が考えられます。

●桜花　いやいや、全然わからないですって。

◆博士　よく考えてください。こちらから何も言わなくても商品を買ってくれる「お得意様」は割引なんかしなくても商品を買ってくれるわけですよ。だったら新商品情報をお伝えすることで、さらにリピートが期待できるじゃないですか。逆に1〜2回で購入が止まってしまってるお客さんはコチラに対する関心が薄れているので、クーポンなどで興味を惹くことが有効──という戦略が立てられません？

F（購入回数）	R（直近の月数）											
	1	2	3	4	5	6	7	8	9	10	11	12
1	605	469	506	462	491	548						
2	261	243	173	159	162	162						
3	157	162	96	87	97	84	87	63	49	65	52	57
4	138	108	83	56	47	40						
5	124	86	41	28	41	30						
6	92	88	23	31	27	28	26	23	20	23	19	24
7	69	60	27	21	17	20	15	13	10	15	14	9
8	60	44	23	16	15	17	10	7	7	12	12	6
9	52	44	17	16	15	25	12	10	9	12	5	5
10	41	39	13	9	16	9	9	5	5	7	3	5
11							6	6	6	10	6	3
12							9	4	4	3	3	4
13							2	9	2	5	4	5
14							3	2	3	4	3	3
15											2	2
16											4	1
17								1	2	1		1
18							3	3	2	1		0
19							1	1	2	1		0

休眠顧客

ここ1年で2回までで購入が止まっている⇒割引クーポンなどを発行して興味を惹く

優良顧客

ここ半年で11回以上購入⇒継続的に新商品情報を伝える

027

LESSON
1 データは宝の山

- **桜花** そう言われるとわからないわけではないですけど……。
- **博士** それよりもこの表で重要なのは「過去10回近く買ってくれたのに、この半年買ってくれてない人が確実に存在する」という事実がわかることです。だって10回も購入してくれたってことは常連さんなわけですよ。それがパタリと注文が止まっている。これを放置しておいていいんですか？って話ですよ。
- **桜花** 確かにお店にずっと来てくれてた人が急に来なくなると心配になりますよね。なにか失礼なことでもしちゃったのか、もしくは引越や病気でもされたのか。
- **博士** そうですよね。10回も購入してくれたってことは、一度はこっちを気に入ってくれたわけですよ。いわば「お付き合い」してた状態ですよ。それが急にいなくなった……もしかしてここでなんらかの連絡を入れれば「久しぶり〜」って元の関係に戻れるかもしれないじゃないですか！
- **桜花** なんだか恋愛みたいですね……。
- **博士** 恋愛もビジネスも基本は同じです。せっかく出会った人と、いかに長くいい関係を築けるか。やっぱり気心の知れた人と長く付き合う方が幸せじゃないですか？
- **桜花** そのとおりですし、足が遠のいてる常連さんのことは気になりますね。そっか、データってそういうこともわかるのか……。
- **博士** 普段はなんとなく感覚でやりすごしている事柄を可視化してくれるのが、データの利点でもありますからね。

　RF分析はあとで詳しく説明しますが、つまり「データ分析でこういうことまでわかるようになる」という一例です。細かく、綿密にデータをチェックすることで、普通に商売をしていたら気づかないお客さん一人一人の「状態」や「本気度」まで知ることができます。

　データってドライで非人間的なもののように見えますが、それが対面の付き合いでも把握できない顧客の心の中を見せてくれるというのはとても不思議な現象ですよね。

商売はどれだけ上客を握っているかが重要

- ◆博士　今日は初日なのでこれくらいにしますが、少しはデータに興味が持てましたか？
- ●桜花　数字が苦手なんで最初はどうなるかと思ったけど、博士の話が面白いのでやっていけそうです。
- ◆博士　最後にひとつだけ覚えておいてほしいのは、「商売というのは上客をどれだけ握っているかに尽きる」ってことです。お店をやっているとつい新しいお客さんに目が行って「もっと新規客に、もっと新規客に」ってなりがちだけど、1回しか来ない新規のお客さんを増やすのは限界があるし、それだと最終的に利益は上がりません。それより大事なのは、自分たちの事業に愛着を持って、何度もリピートしてくれる「ファン」と呼ばれるお客さんを増やしていくこと。商売の規模に関わらず、そうした上質な既存客をどれだけつかんでいるかがビジネスを発展させる土台になります。
- ●桜花　それはわかります。ウチも雑誌の取材の申し込みが来るんですけど、それを引き受けたら雑誌掲載時には人が増えるけど、混雑しすぎて既存のお客さんに迷惑がかかっちゃって。だから最近はお断りすることも増えてきました。
- ◆博士　一時の盛り上がりより、長い目で見た時にどうかってことですよね。そういうことを私たちは「**LTV（Life Time Value）＝顧客生涯価値**」って呼んでます。つまり**1人のお客さんが生涯どれだけ自社にお金を落としてくれるか**。次回はそのLTVとデータの関係についてお話ししていきます。
- ●桜花　データの世界はまだまだ奥が深そうですね。今日はひとまずデータの森の入口に立ったってことで。家に帰って博士から聞いた話を復習します！

桜花の復習ノート
LESSON 1

　最初は数字が並んだ表を見てクラクラしたけど、博士の分析には驚かされた。実はデータってそうやって見るんだ！　説明を聞いてもよくわからないところもあったけど、慣れてきたら私にもできるだろうか？

　あと博士は名言がすごかった。「データの中に上客が隠れてる」「普段なんとなく感覚でやりすごしてる事柄を可視化してくれるのがデータ」……データって奥が深そう。私も早く「宝の持ち腐れ」から脱出して、「宝の山」に登ってみたい！

今日のまとめ

- データがあることで、お店にとっての「勝利の方程式」が確立できる
- データ活用の第一歩は基盤となるデータベース作り
- データはあくまでデータ。そこから意味を読み取るのは人の目

今日出てきた用語

【顧客属性】
顧客が持っている情報のカテゴリー。年齢、性別、住所、職業、家族構成、趣味嗜好、購買履歴など。

【ABテスト】
複数の案を比較して、ニーズの高い方を導き出す手法。主にWEBマーケティングの現場で用いられる。

【RF分析】
Recency（最新購入日）とFrequency（購入頻度・購入回数）の2つの指標軸を用いた分析法。これにMonetary（購入金額）を加えた「RFM分析」もよく用いられる。

LESSON 2

データは LTVの入口

LESSON 2 データはLTVの入口

トータルでどれだけお金を使ってくれたかがLTV

　前回と同じドアをノックする桜花さん。「データ博士の『実はデータってこう見るんだ！教室』」の中からは「はーい、入ってくださーい」という声が聞こえます。その声はどこか弾んでいるようです。

- ●桜花　博士、こんにちは。今日もデータ教室、よろしくお願いします。
- ◆博士　前回の授業はどうでした？　何が印象に残りましたか？
- ●桜花　一番は「データってこんなにいろいろできるんだ！」っていう驚きですね。これまで私はデータって「経理のために計算しなきゃいけないめんどくさいもの」としか捉えてなかったけど、売上を伸ばすためのヒントがこんなに隠されていたなんて。まさしく宝の持ち腐れだったと思いました。
- ◆博士　よろしい。じゃあそれを踏まえて今日はLTVについて学びたいと思います。桜花さん、LTVって知ってます？
- ●桜花　最近よく聞く言葉ですよね。確か、1人のお客さんとなるべく長くお付き合いして、長く取引を続けた方がオトク？……そういう感じだった気が。
- ◆博士　**はい、LTVとはLife Time Valueの略で日本では「顧客生涯価値」と訳します。**文字通り、そのお客さんが生涯で自社にどれだけの価値をもたらしてくれたか、ぶっちゃけて言えば、どれだけ自社にお金を落としてくれたかを計る指標です。これに関しては桜花さんも理解できますよね？
- ●桜花　ええ、たとえば雑誌の紹介記事などを見て来店して10,000円近く使ってくれる羽振りのいい一見さんと、600円のコーヒーを頼むだけだけど毎週来てくれる常連さんがいるとして、どちらが上客かってことですよね。1回しか来ない一見さんはお店に払ってくれるお金が10,000円なのに対し、常連さんは単純計算で考えて1年間でも600円×52週＝31,200円。やっぱり常連さんってありがたいなぁっ

て思います。

- ◆博士　さすがお店に立ってるだけのことはありますね！　さらに言えば新規のお客さんを呼び込むには宣伝費や広告費がかかります。でも常連さんはそうしたお金をかけずとも自分からお店に足を運んでくれる。この点でも 10,000 円 vs 31,200 円以上のメリットがあります。
- ●桜花　お店をやっているとつい「お客さんを増やしたい！　新規のお客さん大歓迎！」ってなりがちだけど、本当にお店を支えてくれているのは地道にコツコツ通ってくれる常連さんなんですよね。
- ◆博士　昨今人気の「サブスク（リプション）」も LTV 的なサービスですよね。一回に高額の取引を行うんじゃなく、少額でも一定の金額を継続的に引き落とすことで最終的には大きな取引を成し遂げるっていう。
- ●桜花　サブスク、流行ってますよね。私も推しグループの新曲に、韓流ドラマに、カーシェアサービスに、毎月チャリンチャリンとお金を払い続けてます。これも LTV 的には上客ってことですよね。

■ LTVの仕組み

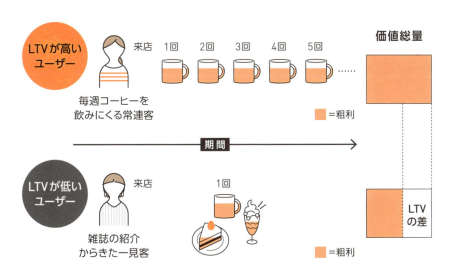

一回あたりの客単価が低くても継続的に利用してくれる顧客であれば LTV は高い。
逆に客単価が高くても、リピート率が低く短期的な利益であれば、LTV は低い。

LESSON 2 データはLTVの入口

- ◆博士 一度契約してくれたら退会まで何もしなくてもお金が払い込まれるわけですから、経営者としてはありがたい限りですよ。そういうコアなお客さんのことを、マーケティングの世界では「ファン」とか「ロイヤルカスタマー」と表現します。
- ●桜花 それもよく聞きますね。「ファンの拡大、ロイヤルカスタマーの獲得が経営のキモである」って。「そのために顧客満足度をいかに高めるか?」とか。

　今日のテーマはLTV。さすが桜花さん、お店を経営しているだけあってLTVを感覚的に理解しているようです。

　大金を落としてくれるけど一回しか来てくれない「一見さん」と、少額だけどコンスタントに足を運んでくれる「常連さん」、はたしてお店にとって本当にありがたいのはどっちなのか？ その瞬間だけでなく、長いスパンで経営を考えるのがLTVと言えるのかもしれません。

▶ ファンやロイヤルカスタマーを増やすことがLTVのカギ

- ●桜花 それにしても、そんなにファンとかロイヤルカスタマーの獲得って重要なんですか？
- ◆博士 めちゃくちゃ重要デスッ！ たとえば以前こんな事件がありました。ある化粧品会社が大ヒット商品を出したんですけど、一部の人にアレルギー反応が出ることがわかったんです。会社は裁判で負けて、大変な損害賠償を背負わされました。損害賠償に加えて主力商品がそんなことになったわけだから、みんなあの会社はおしまいだと思いますよね。でもその商品はアレルギー反応が出る人以外には非常に好評で、多くのファンを持ってたんです。彼らは事件後もその化粧品を買い続けました。
- ●桜花 ファンが付いてたから生き残れたんですか？

◆博士　それだけじゃないんです。会社はお金がないから広告費などを一切かけられなくなりました。でもファンはその商品を買い続けてくれる。商品が絞られたぶん、雑務が減って人件費も低下する——皮肉な話ですけど、この事件をきっかけに会社は筋肉質になって、効果的に利益を上げられる体制になったんです。**余計な出費が減って、コアなお客さんがリピートしてくれることで、むしろ利益は増したんです。**

●桜花　そんなことがあるんですね……ファンの力、おそるべし。

◆博士　これはファンが付いていたことで偶然助かった例ですけど、意図的に事業をファン相手に特化して利益率を上げようとする人もいます。

●桜花　どういうことですか？

◆博士　たとえば私の知人が飲食店を経営してるんですけど、彼はお店の上客だけを集めて住所非公開の会員制レストランを作ったんです。会員制にすることで一見さんは入れない。当然、広告費もかけなくていい。その一方で、会員であるコアなお客さんには限定的で上質なサービスを行うことで客単価が上げられるし、お客さんはそれに満足して足しげく通うようになる——彼は大幅に利益が増えたと言ってました。

●桜花　意識的にロイヤルカスタマーを囲い込んで、ワンランク上の単価の高いサービスを設定したんですね。

◆博士　そこでいわゆる「プレミアムサービス」を展開したんですよ。一般のサービスでは飽き足らなくなった上客をプレミアムサービスに誘導して、より上質なサービスを提供して、より高額の対価をいただくビジネスへと持っていったんです。ただこれは熱狂的なファンが付いてないとできないやり方です。

●桜花　ゲームを無料ではじめて夢中になったら、つい課金しちゃうっていうのもプレミアムサービスへの誘導ですよね。Amazon プライムとかもそうか。まずは低いハードルで試して、ファンになってもらって、やめられなくなってきた頃にプレミアムサービスに移行させる——そう考えるとそのやり方、あちこちで使われてるかも！

◆博士　それをやるにはまずベースとしてデータというか、顧客について深

LESSON 2 データはLTVの入口

　　　く理解してないと難しいんです。ファンといっても、その人は何のファンなのか？ どれくらい熱心なファンなのか？ たとえば年間で同じ10万円を落としてくれるお客さんがいたとして、片方は毎回お店の違うメニューを注文して10万円、片方は毎回同じ5,000円のディナーセットを注文して10万円。桜花さん、この2人のどちらがいいお客さんだと思います？

● **桜花**　同じ金額を使ってくださるのだし、私にはどちらもいいお客さんのように見えますが……。

◆ **博士**　正確に言うと、前者は「お店のファン」で後者は「その商品のファン」なんです。後者が気に入ってるのは5,000円のセットだけど、前者はお店自体を信頼してるので「あなたが出してくれる料理なら信用して注文する」というスタンス。こういう方はお店が新しいトライをしたり、新メニューを開発しても「試してみようかな」と付いてきてくれるので、LTVが伸びやすいお客さんだといえます。==プレミアムサービスに移行しやすい上客と言っていいかもしれませんね。==

● **桜花**　確かに同じファンでもいろいろありますね！ ひとまず、LTVはファンとかロイヤルカスタマーといった存在と密接に関係してるってことはわかりました。

桜花メモ　LTVって言葉は聞いたことがあった。ファンづくりとかロイヤルカスタマーが大事ってことも聞いたことがあった。でもその2つがつながってるなんて！

▶ LTV向上に向けた第一歩はデータの母数を増やすこと

◆ **博士**　ただ、LTVって実際の数字ではなかなか見えにくいですよね。

● **桜花**　よく来てくれるお客さんはいるけど、その人が合計でどれくらいお金を使ってくれてるかは計算したことないです。

◆博士　それを算出する式はあるんです。LTVの計算式は以下になります。

$$\text{LTV} = \text{平均購入単価} \times \text{粗利率} \times \text{平均購入頻度（回／年）} \times \text{平均継続期間（年）}$$

● 桜花　えーっと、ちょっと待ってください！……やっぱり数字からは逃れられないんですね……。
◆博士　はい、ここはデータ教室ですから（笑）。でもちょっと考えたら当たり前のことですよ。「粗利率50％の1,000円のランチセットを週に1回、3年間食べ続けてくれた人がいた」とします。だったら「1,000円×50％×52回／年×3年＝78,000円」。これがそのお客さんが桜花さんのお店にもたらしてくれた利益ですよね？
● 桜花　この常連さんは78,000円も「Cafeアレグリア」に利益をもたらしてくれたんですね……こうやって具体的に計算すると、ありがたさが身に沁みます。
◆博士　じゃあ、どうやったらこの方のLTVを上げられるかも数式を見れば一目瞭然です。「単価を上げる」「粗利率を上げる（＝コストを下げる）」「購入頻度を上げる」「継続年数を長くする（＝解約率を下げる）」……数式のそれぞれの要素を上げれば自然とLTVも上がるわけですから。
● 桜花　そういうことになりますね。

■ LTVを上げるには？

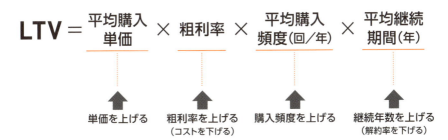

LESSON 2 データはLTVの入口

- ◆博士　ということで、データですよ！
- ●桜花　えっ!?「ということで」の意味がよくわからないんですけど……。
- ◆博士　LTVを上げるための指標が「単価」「粗利率（コスト）」「購入頻度」「継続年数」であるとわかったわけです。だったらそれを管理して、いかにして各指標をアップさせていくかはデータの役割になりませんか？
- ●桜花　まあ、数字の問題は数字で解決できるのかもしれませんけど……。
- ◆博士　LTVの入口には必ずデータがあるし、LTV向上に向けた第一歩はデータの母数を増やすことに他なりません。顧客に関する有益なデータが増えれば増えるほど顧客の状況が理解できるし、その結果として購入頻度の増加や取引年数の継続、そして購入単価の上昇を促すことが可能になります。それってつまりLTVを伸ばすことができるってことですよ。

　桜花さんはため息をついてますが、ここはデータ教室なんでもちろんデータに結びつけます（笑）。というかデータの活用はLTVを考える上で、すごく有効なんですよ。

　ここでポイントとなるのはLTVを漠然と捉えるのではなく、きちんと因数分解して重要な指標を把握すること。LTV向上のために必要なのは「単価」「粗利率」「購入頻度」「継続年数」だとわかったら、そこからは具体的なデータの出番です。

▶ データには顧客の真の姿が映り込んでいる

- ●桜花　論理的にはそうかもしれませんけど、どうしてデータを取ることでLTVを伸ばせるんですか？
- ◆博士　どこから説明すればいいのかな……まず桜花さん、データのことをただのデジタルな数字だと思ってるでしょ？
- ●桜花　そうですね。あったかいというより、むしろ冷たい。人間的という

より、むしろ無機質なイメージがありますけど。

◆博士　その認識がまず間違ってるんです。というか、そもそも桜花さん含め、みなさんがわかったつもりになってる「人間的な感覚」って本当はどこまで信頼できるんでしょうか。相手が何を考えて、本当は何を求めているのか、私は人の感覚よりデータの方が正確に把握できると自信を持って言えますよ。

●桜花　博士は人間よりデータの方を信じるんですか？

◆博士　もちろんです。だってデータはウソをつかないですから。

●桜花　データはウソをつかない!!

◆博士　たとえばあるアンケートで年代層別の反応をチェックしたとします。そしたら20〜30代の若い人の反応は鈍く、40代以降の年配層には圧倒的に好評だった、と。だったら商品プロモーションをする際、30代以下を外して、40代以降に集中すれば資源のムダ打ちがなくなります。これが「ターゲットはたぶん40代以降だろう」といったアバウトな直感だと、そこまで振り切るのは難しくないですか？

●桜花　確かに事前に数値で確認できたら迷いや読み違いはなくなります。安心して事業を前に進められます。

◆博士　人って案外わかったつもりになってるだけで、そこには偏見や誤解、思い込みや勘違い、勝手な期待感などが多分に混じっているものです。それを取り払って客観的に事実に向き合わせてくれるのがデータであり、データには顧客の真の姿が映り込んでいるんです。

●桜花　人は思い込みや偏見に左右されがちっていうのはわかります。あと、そうした感覚って結局は勘や経験知に行き着くから、他のスタッフと共有するのが難しいんですよね。みんな感じ方は違いますから。

◆博士　その点、データは客観的な数値だからみんなで共有できるモノサシになるし、さらにたとえ対面していても見ることができない顧客の心の中——顧客が何を考えてて、何を望んでいるか——までデータから推し量ることができるんです。

●桜花　数字で心の中も読めるんですか？

◆博士　さっきも言ったようにLTVを伸ばすにはファンやロイヤルカスタマーの存在が欠かせないし、彼らの置かれた状況や心情を把握していな

いとムリじゃないですか。桜花さん、これから顧客の数が増えていく中で、大事なお客さんの情報を全部自分の頭の中に入れておくことができますか？ これからますます老化が進んで、物忘れが激しくなっても自分の記憶力や判断力を信じていられますか？ さあ、どうだ！

- ●桜花 すでにまったく自信ないですよ〜〜〜（泣）。

データはウソをつかない……。冷静に考えると当たり前のことだけど。客観的で正確無比。確かに人は間違えるし、ウソをつくもんね……。

ロジックと想像力で顧客というブラックボックスを可視化

- ●桜花 データによって顧客の状況を把握することがLTVの近道っていうのはよくわかりました。でもデータから顧客の状況を把握するって実際どうやるんですか？
- ◆博士 そこで必要になるのがロジックと想像力なんです。この数値とこの数値を比較することで何がわかるか？ この数値とこの数値を掛け合わせることで何が証明できて、どんな仮説が導き出せるのか？ **数字の並びからロジックと想像力を駆使することで、顧客というブラックボックスを見える化させていくのがデータ分析の神髄です。**
- ●桜花 ロジックと想像力で顧客の姿を見える化する？ そんなことができるんですか？
- ◆博士 たとえばこれまで「Cafeアレグリア」をアピールするのにAというメルマガを送っていたけど、Bというパターンに変えたら急に来客数が増えたとします。ということはAにはない、お店の魅力を訴求する力がBにはあると言えますよね？ そこからさらに原因をブレイクダウンさせて、そのポイントはキャッチコピーにあるのか、メ

ニューの紹介の仕方にあるのか、桜花さんのコメントがよかったのか……と突き詰めていくことで「アレグリアファン」の嗜好に合ったメルマガが完成するといった具合です。

●桜花　来客数が増えたというデータの変化を元に、ロジックと想像力でその背景＝原因、つまりお客さんの心情を把握するわけですね。

◆博士　ただ、こうしたデータの見方にはコツがあるというか、クリエイティブな想像力が必要です。「これとこれを比べたら、これがわかる気がする」「こことここに差が付いてるのはなぜだろう？　何か理由があるのでは？」という想像力を働かせて深く考えることが大事ですから。

●桜花　そうですよね。今の私にはどのデータをどういうふうに使えばいいかチンプンカンプンです。

◆博士　そのために必要なのがデータであり、もっと言えばデータの蓄積なんです。

●桜花　データを貯めておくことが大事？

◆博士　そう、さっき僕は「LTV向上への第一歩はデータの母数を増やすこと」って言いましたよね。データを積み重ねていくとどうなるか？　そうすると予想ができるようになるんです。「休日はこれくらい人が来るな」「雨が降ったら来店数はこれくらいだな」「メルマガを打った翌日はこれくらい人が増えるな」「クリスマス前は売上ってこれくらいまで上がるな」……等々、全部予想できるようになるんです。日常ってそれほど代わり映えしませんから。

●桜花　データを使わなくても、そのあたりは感覚的に把握してますよ。でもデータでチェックできたら、もっと正確にわかるんでしょうね。

◆博士　ここで大事なのは、データを日常的に積み重ねることで「異常値」が出現した時、すぐに「あれ？　おかしい」って気づけることなんです。

●桜花　異常値ですか？

◆博士　そう、異常値。「休日だからこれくらい来客数があると思っていたのに、こんなに多かった」「メルマガを打ってこれくらい人が来ると思っていたのに、これだけしか来なかった」「例年クリスマス前はこれくらいまで売上が伸びるのに、今年は2割も増えている」……そ

うした予想と異なる数値が出た時、「どうして？」って疑問が湧きますよね。それって新たな勝ちパターンを獲得するチャンスなんです。そもそも異常値に気づけるって、定期的にデータをとっていないとできないことですから。

- 桜花　異常値が出た時こそ、新たな勝ちパターンを獲得するチャンス？
- ◆博士　はい。異常値が出現した理由は何なのか、その原因を追求することでお客さんの心をつかむための仮説が導き出せるんです。どうしていつもと違う数値が出たのか？　何か違うサービスをやったからか？　店頭のディスプレイを変えたからか？　メニューの書き方を変えたからか？　従業員の声掛けを強化したからか？……その原因を特定し、改善していくことでサービスの向上が図れます。つまり新しい勝ちパターンを獲得できるんです。異常値の出現は「ここをテコ入れすればお客様に喜ばれる確率が上がる」という箇所を特定する絶好のチャンスなんですよ。

> データの母数を増やす ⇒ データと日常的に触れ合う ⇒ 普段の数字が予想できるようになる ⇒ 異常値が出たらすぐ気づく ⇒ ロジックと想像力でデータ分析 ⇒ 異常値が出た理由がわかって新たな「勝ちパターン」獲得！ ⇒ LTV上昇でやった〜！ ……こういう流れ？

データにまつわる「PDCAサイクル」を回し続ける

- 桜花　そうした異常値の出現を見落とさないために、普段からのデータの蓄積、チェックが大事なんですね。
- ◆博士　その通りです。普段からデータの動向を追っていたら、異常値が出た時「あれ？」って気づけますから。さらにこれを活用すると、異常値から勝ちパターンを導き出すだけじゃなくて、こちらからアクションを仕掛けて異常値を観察することもできるんです。

●桜花　こちらから仕掛ける？

◆博士　たとえば、お店に来たお客さんにどのタイミングでDMを送れば再びお店に足を運んでくれるのか探りたいとします。その場合、1ヶ月後、3ヶ月後、半年後……それぞれのパターンでDMを送って、どのタイミングの反応が一番よかったか観察するんです。それで「半年後に送った時が一番リピート率が高かった」というデータが出たら、今後「DMを送るのは半年後」という勝ちパターンが確定できます。

●桜花　こちらからアクションを起こして、いつ異常値が出るか観察することで最適解を導き出す──そういう使い方もできるんですね。

◆博士　そういう意味でも重要なのは常にデータを取り続け、常にデータを観察し続けること。常に観察し続けるからこそ、ちょっとした異変にも気づけるわけです。

●桜花　ずっとデータと付き合い続けるって、かなり大変そうですね……。

◆博士　そうでもないですよ。最初に自分が見やすいフォーマットを作っておけば、パッと目を通すだけで異常値に気づくようになります。**大事なのは「仮説を立てて、実行して、それを検証して、修正する」っていう、いわゆる「PDCAサイクル」を回し続けることです。**

●桜花　データ分析もPDCAが大事ですか？

◆博士　チョー大事ですね！　あと継続することで目先の状況に惑わされないという利点もあります。たとえばECサイトに新商品を投入したとします。1ヶ月後、2ヶ月後の反応を見ると思ったほど数値がよくない。普通はそこで「新商品は失敗だ」と結論付けるけど、データを粘り強く追いかけていくと、半年後からジワジワ売れはじめ、1年後までにかなりの個数を販売したという結果が出たとします。その商品はいわゆる少量でも息の長い売れ方をするニッチな商品だったんですよ。それはPDCAのC（＝CHECK）を丁寧に行うことで、未来のヒット商品をムダにしなかった例ですね。

●桜花　短期的にはダメでも、長期的視点で見るとダメじゃなかったりする──ウチの店でも早々にあきらめてムダにしちゃった商品があったかもしれません。もったいないことしちゃったな……。

LESSON 2 データは LTV の入口

◆**博士** データの使い方を学習して、今後そうした事態が起こらないように
していきましょう！　最後にひとつだけ。ここまでの話だとデータっ
て数字に絞って解説してましたけど、最近は言葉をストックするや
り方も出てきてるんです。たとえばある通販会社は電話オペレーター
に顧客からのクレームを全部入力させて、それを「テキストマイニ
ング」の手法で見える化して検証しています。定量的なデータ分析
と定性的なデータ分析。データ分析にもいろんなやり方があること
を覚えておいてください。

●**桜花** 数字だけじゃなくて文字っていうパターンもあるんですね。データ
分析、奥が深すぎます。私、ますます自信が持てなくなりました……。

◆**博士** 何言ってるんですか！　今日はLTVとデータの関連性についての講
義だったので比較的わかりやすい内容でしたよ。次回からは実践に
入ります。バンバン数字が出てくるので覚悟しておいてくださいね！

●**桜花** ひぃー。次回、覚悟して臨みます！

■テキストマイニングの例

桜花の復習ノート
LESSON 2

　今日の授業のテーマは「LTVとデータの関係性」。「商売ではLTVが大事」っていろんな人から聞いてたけど、LTVを実現するためにデータが重要なカギだってことは誰も教えてくれなかった。つまり博士のところでデータを学べば、LTVまでわかるようになるってこと？　うーん、なんかすごく得した気分。

　しかし今回も名言いっぱい出たな……「異常値」とか「勝ちパターン発見」とか、あれ絶対かなり前から仕込んでるよね。次回は「使えるデータの作り方講座」か。いっぱい数字が出てくるって言ってたけど、私、大丈夫かな？

今日のまとめ

- LTV＝平均購入単価×粗利率×平均購入頻度（回／年）× 平均継続期間（年）
- LTV向上に向けた第一歩はデータの母数を増やすこと
- データを日常的にチェックして異常値を発見した時が、 勝ちパターン獲得のチャンス

今日出てきた用語

【LTV】
顧客生涯価値。1人の顧客が生涯を通じて企業側にもたらす価値。

【ロイヤルカスタマー】
優良顧客。サービスや商品に対して愛着や信頼を持っている顧客のこと。

【プレミアムサービス】
一般のサービスより高品質で、そのぶん高額なサービス。

【PDCAサイクル】
Plan（計画）、Do（実行）、Check（測定・評価）、Action（対策・改善）を循環させて、作業の効率をより高めていくビジネスフレームワーク。

【テキストマイニング】
大量の文章データから有益な情報を掘り起こすこと。ワードクラウド（色や大きさなどによって変化を付けた単語を一覧で見れるよう表示したもの）などによって視覚化される。

LESSON 3

使えるデータの作り方

LESSON 3 使えるデータの作り方

1. サマリー

> **顧客数が以前より増減したかをチェックする「サマリー」**

　いよいよ今日からレッスンも佳境に入るということで、桜花さんは緊張している様子です。一方の博士はスマイルを浮かべて慣れたもの。ここからは一層集中が必要になる授業がはじまります！

- ◆博士　はい、では今日は経営において使えるデータの作り方を教えます。
- ●桜花　めちゃくちゃ気合入ってます！　なんとか付いていけるよう頑張ります。
- ◆博士　最初にお伝えすると、今日私が教えるデータの整理法は4種類あります。あんまり教えると混乱してしまうでしょうから、あえて4つに絞りました。
- ●桜花　それは助かります。最初から4種類とわかっていたら、数字アレルギーの私でも頑張れそうな気がします。
- ◆博士　ではさっそくですが、1つ目の表は「サマリー」です。サマリーってどういう意味だか知ってますか？
- ●桜花　たしか「まとめ」とか「要約」って意味ですよね。
- ◆博士　素晴らしい。その言葉どおり、サマリーは日々のデータをわかりやすく要約したもの。今日お教えする4つの表の中で一番単純なものと言えます。
- ●桜花　簡単なものからにしてください！
- ◆博士　ここでごちゃごちゃ説明するのもナンなので、百聞は一見に如かず、まずはどういうものか見てみましょう。これがサマリーの一例です。

サマリー

	全顧客数	新規顧客数	既存顧客数	12か月稼働客	定期顧客数	優良顧客
当月	7,986	156	7,830	5,275	1,001	98
前月	7,652	128	7,524	5,158	999	98
前月比	104.4%	121.9%	104.1%	102.3%	100.2%	100.0%
前年同月	6,325	98	6,227	4,478	870	73
前年比	126.3%	159.2%	125.7%	117.8%	115.1%	134.2%

- ●桜花　ああ、もうムリムリムリ！　私、過呼吸になりそうです……。
- ◆博士　落ち着いて、桜花さん！　1つ1つの要素を見てみればそんなに難しくないですよ。まず一番左側の「全顧客数」の縦軸にだけ注目して、ひとまずあとは無視しましょう。
- ●桜花　はい、一番左の「全顧客数」のところだけ見るようにします。
- ◆博士　上から「当月 7,986 人」「前月 7,652 人」というのは、今月と先月のお客さんの数のことです。先月 7,652 人だった全顧客数が今月は 7,986 人に増えた、と。
- ●桜花　それはわかります。
- ◆博士　じゃあ、両者を比べて「今月の全顧客数は先月の104.4%になった」というのがその下の「前月比」の数字ですよね。
- ●桜花　それもわかります。
- ◆博士　その下の「前年同月」と「前年比」も同じですよ。前年同月の全顧客数が6,325人だったから、それと比べると今月の7,986人は126.3%になったってことです。
- ●桜花　うん、うん……え、それだけ？
- ◆博士　そう、これって「今月は先月に比べてどうか？」「1年前と比べてどう変化したか？」、それを表してるだけなんです。
- ●桜花　そう言われてみたら、すごくシンプルな気がしてきました。
- ◆博士　めちゃくちゃシンプルですよ。じゃあ、そこから横軸を1つずつスライドさせて見ていきましょう。さっきは「全顧客数」について前月との比較、前年との比較がわかりましたけど、次は「新規顧客数」が前月に比べてどう変化したか、前年に比べてどう変化したかが出ています。その次の「既存顧客数」はリピーター、つまり2回以上

049

LESSON 3 使えるデータの作り方

購入してくれたお客さんの全数を指してます。

- ●桜花　次の「12ヶ月稼働客」は？
- ◆博士　「12ヶ月稼働客」はこの1年の間に購入してくれたお客さんの人数です。ここ1年以内に購入してくれたお客さんはお店や商品の記憶がまだ残ってるので、再び来店してくれる可能性が高いんです。
- ●桜花　つい最近まで取引があったわけですもんね。
- ◆博士　「定期顧客数」は、通信販売において毎月お届けコースなどに入って定期的に購入し続けてくれているお客さんの人数。定期コースのお客さんは来月、再来月の購入を約束してくれているお客さんだから、売上の予測が立てやすくなります。
- ●桜花　ほんとありがたい存在ですよね。
- ◆博士　この表はそれらの顧客に関して、今月は先月に比べてどう変化したか、前年同月に比べてどう変化したかを出してるだけなんです
- ●桜花　それぞれの客数が先月よりどれだけ増えたか、前年よりどれだけ増えたかってことだけですか？
- ◆博士　だんだんわかってきましたね。で、一番右端の「優良顧客」というのがいわゆるロイヤルカスタマーのこと。仮にここでは「1年間に12回以上来店して購入してくれた人」と定義しましょう。右端の数値は、そうした常連さんが先月に比べてどれだけ増えたか、前年に比べてどれだけ増えたかがわかるってことになりませんか？
- ●桜花　平均して月に1度はお店に来てくれる常連さんが今月は98人いて、それは先月に比べて同数だけど、1年前に比べたら134.2%に増えている——そういうことですか？
- ◆博士　ご名答。サマリーの見方がわかってきたようですね。

> パッと数字だけ見ると反射的に目を背けたくなる。でもそこで立ち止まって、これってどういうことか考える。そうするとだんだん数字の理由、データの法則が見えてくる。

050

1. サマリー

サマリーは全体の状況をざっくり把握するのに便利

	全顧客数	新規顧客数	既存顧客数	12か月稼働客	定期顧客数	優良顧客
当月	7,986	156	7,830	5,275	1,001	98
前月	7,652	128	7,524	5,158	999	98
前月比	104.4%	121.9%	104.1%	102.3%	100.2%	100.0%
前年同月	6,325	98	6,227	4,478	870	73
前年比	126.3%	159.2%	125.7%	117.8%	115.1%	134.2%

先月と比べてどう変化したか？

去年と比べてどう変化したか？

- ◆博士　今話したことを簡単に記すと、こういうことですね。
- ●桜花　そう考えるとこの表、パッと見れば前月・前年と比べて増えているのか減っているのか、どれくらい増えたのか減ったのかがすぐわかって便利ですね。
- ◆博士　するどい、桜花さん！　そうなんです、このサマリーはパッと見て全体の状況を把握するために用いる表なんです。私は経営者時代、毎日この表をチェックして全体をザックリと把握した後、そこから別の図表を使って細かい分析を進めていくというやり方をとっていました。ある意味、データ分析のファーストステップ、一番最初の登竜門と言えるかもしれません。
- ●桜花　これを毎日の習慣にするだけでも今の経営状況をひとまず把握できそうです。
- ◆博士　**改めて説明すると、顧客サマリーとは新規・既存、またはロイヤルカスタマーなどこちらが定義した顧客数の変化を確認するために用いるもの。全体が伸びているのか、下がっているのか、部分的に伸びと低下が混在してるのか、その度合いはどの程度か……前年比、前月比を用いて傾向を確認するわけです。**
- ●桜花　よくわからないですけど、これならExcelとかでも作れそうですね。
- ◆博士　あ、これは事前に説明しておくべきでしたけど、今日お教えする4

LESSON

3 使えるデータの作り方

つの表、Excelで作れなくはないでしょうけど、できれば統計分析などに詳しいエンジニアの方に相談して、入力システムから一式そろったものを作ってもらった方がいいと思います。**日々新しいデータを入力したり新しい顧客が付いたりしたら、それがそのままデータに反映されて自動で図表を更新していく仕組み。**最初は大変だし少しお金もかかりますが、一度システムを作ってしまえば後は何もしなくてもデータが更新されるので、将来的にはオトクだと思います。

● 桜花　データ活用に取り組むなら徹底的にやりましょう、ってことですね。

◆ 博士　あとVBAなどで自分で作ってみてもいいと思います。VBAというのは「Visual Basic for Applications」の略で、ExcelやWordなどのMicrosoft Office製品を自動化するためのプログラミング言語です。

● 桜花　それはハードルが高そうですけど……。博士がサマリーでチェックするのは前月、前年からの増減の部分だけですか？

◆ 博士　もうひとつ挙げるなら、新規顧客の増減とロイヤルカスタマーの増減が一致しているかどうかも見ます。

● 桜花　新規顧客とロイヤルカスタマーの増減が一致？ つい新しいお客さんがどれだけ増えたかに興味が行きがちですけど、それだけではダメ？

◆ 博士　前回お話しした通り、最終的にLTVを追求するなら一番大事なのはロイヤルカスタマーです。新規顧客が増える一方でロイヤルカスタマーが減っているというのは、つまり新規客に押されてロイヤルカスタマーが離れていってる状態。**それは大切なお客さんに適切な対応ができていないことを意味します。**なのでロイヤルカスタマーに対する接し方を考え直すと共に、新規のお客さんにロイヤルカスタマーになってもらう努力も同時に進めていかなければならないですね。

● 桜花　ここでも大事なのは優良顧客＝ロイヤルカスタマーなんですね。

◆ 博士　あと前月比と前年比の2つがあると思いますけど、私は前月比はそこまで神経質に見ないです。一応目を通しておく程度。それより前年比を重視してます。

● 桜花　前月比より前年比の方を重視ですか？

◆ 博士　1ヶ月の変化ってそんなにアテにならないですからね。たとえば今年みたいな猛暑や大雨のせいで来店者数が激減する場合もあるし、た

またまその月にクーポンを出したので来店者数が増えることもある。前月比はそういう外部要因に左右される部分があるので、前年比の方が偏りは少ないと言えます。

■ロイヤルカスタマーは増えているか？

	全顧客数	新規顧客数	既存顧客数	12か月稼働客	定期顧客数	優良顧客
当月	7,986	156	7,830	5,275	1,001	98
前月	7,652	128	7,524	5,158	999	98
前月比	104.4%	121.9%	104.1%	102.3%	100.2%	100.0%
前年同月	6,325	98			870	73
前年比	126.3%	159.2%	125.7%	117.8%	115.1%	134.2%

新規顧客の増加とロイヤルカスタマー（優良顧客）の推移を比較。顧客数が増えているのにロイヤルカスタマー（優良顧客）の数が減っていたら問題アリ

一番大事なのは前年比でロイヤルカスタマー（優良顧客）がどれだけ増えているか

最重要！

● **桜花** ちなみに博士は売上集計とかはあまり気にしないんですか？　お店をやってると「今日は売上10万円超えたぞ！」とかすごくテンションが上がるんですけど。

◆ **博士** 今日の売上がいくらだったという売上集計は、単純に経営者にとってのお薬ですよ。気持ちを安らかにしてくれる存在。それより私が常に気にしているのは客単価です。

● **桜花** 客単価ですか？

◆ **博士** たとえば先月の新規顧客が100人で、それが今月は120人に増えたとしても、それが500円OFFキャンペーンの結果で、客単価が2,000円から1,500円に下がったとしたら、先月の新規顧客の売上は「2,000円×100人＝200,000円」、今月の新規顧客の売上は「1,500円×120人＝180,000円」。どっちがオトクだと思います？　そういう意味で単純な顧客数の増減じゃなく、客単価がどうなっているかも意識した方がいいと思います。

● **桜花** 客単価を上げつつ新規顧客の獲得を進め、なおかつ既存のお客さんにはロイヤルカスタマーになってもらう努力をし、すでにロイヤルカスタマーのお客さんが離れていかないよう気を配る……うーん、お店を経営するって大変ですね。

LESSON
3 使えるデータの作り方

　サマリーは非常にシンプルな表ですが、シンプルなだけに気軽に目を通すことができ、全体をパッとチェックできます。大事なのは上がっているのか下がっているのか。あと、その上がり幅、下がり幅がどれくらいか。

　健康に気を付けてる人は毎日体重や血圧を気にしますが、経営も同じこと。毎日体重計に乗るように、まずはサマリーでお客さんの増減、ロイヤルカスタマーがちゃんと付いてきてくれているかどうかをチェックする習慣を身につけましょう。ただし、日々の状況はチェックしつつも、経営者はそこで一喜一憂しない長期的視点が必要です。

2. 移行表（顧客動向表）

> これまで取引のあった顧客の
> 遷移を示した「移行表（顧客動向表）」

◆博士　では2番目の表に移りますね。2番目の表は「移行表」と言われているものになります。年度別の「顧客動向表」と呼ぶこともあります。まずお見せすると、こんな感じです。

移行表

初回購入年度		2016		2017		2018		2019		2020		2021		2022		2023	
2016年度	客数	15,000		2,100	14%	1,218	58%	987	81%	888	90%	906	102%	869	96%	817	94%
	売上	65,000		44,850	69%	25,116	56%	21,097	84%	17,933	85%	17,574	98%	15,817	90%	14,393	91%
	客単価	4,333		21,493	496%	20,634	96%	21,459	104%	20,386	95%	19,571	96%	18,396	94%	18,028	98%
2017年度	客数			12,000		3,120	26%	1,685	54%	1,280	76%	1,344	105%	1,277	95%	1,201	94%
	売上			85,700		66,846	78%	42,113	63%	29,900	71%	29,003	97%	25,523	88%	23,736	93%
	客単価			7,142		21,282	298%	25,113	118%	23,355	93%	21,720	93%	20,200	93%	20,402	101%
2018年度	客数					22,000		5,940	27%	3,089	52%	2,811	91%	2,642	94%	2,457	93%
	売上					165,000		125,400	76%	66,462	53%	55,828	84%	48,570	87%	42,256	87%
	客単価					7,500		21,525	287%	22,171	103%	20,397	92%	18,969	93%	18,400	97%
2019年度	客数							19,000		4,940	26%	3,409	69%	2,795	82%	2,516	90%
	売上							230,000		124,200	54%	83,214	67%	64,907	78%	54,522	84%
	客単価							12,105		25,663	212%	25,150	98%	23,389	93%	22,688	97%
2020年度	客数									23,000		2,100	27%	1,302	62%	1,003	77%
	売上									226,000		45,517	59%	27,766	61%	21,102	76%
	客単価									9,826		21,813	216%	21,377	98%	20,949	98%
2021年度	客数											20,000		5,000	25%	3,300	66%
	売上											199,000		99,500	50%	64,675	65%
	客単価											9,950		20,298	204%	20,095	99%
2022年度	客数													24,000		6,480	27%
	売上													262,000		157,200	60%
	客単価													10,917		26,200	240%
2023年度	客数															28,423	
	売上															297,285	
	客単価															10,459	
新規	客数	15,000		12,000	80%	22,000	183%	19,000	86%	23,000	121%	20,000	87%	24,000	120%	28,423	118%
	売上	65,000		85,700	132%	165,000	193%	230,000	139%	226,000	98%	199,000	88%	262,000	132%	297,285	113%
	客単価	4,333		7,142	165%	7,500	105%	12,105	161%	9,826	81%	9,950	101%	10,917	110%	10,459	96%
既客	客数			10,000		9,200	92%	9,876	107%	14,205	144%	15,231	107%	15,805	104%	19,278	122%	22,734	118%
	売上			255,000		2,129,538	835%	240,423	11%	341,525	142%	368,473	108%	366,314	99%	409,149	112%	496,056	121%
	客単価			25,500		231,472	908%	24,344	11%	24,043	99%	24,192	101%	23,177	96%	21,223	92%	21,820	103%
合計	客数	25,000		21,200	85%	31,876	150%	33,205	104%	38,231	115%	35,805	94%	43,278	121%	51,157	118%
	売上	320,000		2,215,238	692%	405,423	18%	571,525	141%	594,473	104%	565,314	95%	671,149	119%	793,341	118%
	客単価	12,800		104,492	816%	12,719	12%	17,212	135%	15,549	90%	15,789	102%	15,508	98%	15,508	100%

055

LESSON 3 使えるデータの作り方

● **桜花** 　……………………。

◆ **博士** 　桜花さん、桜花さーん！　地蔵みたいに固まってしまいました。

● **桜花** 　これは難しすぎますよ。私、完全にお手上げです……。

◆ **博士** 　あきらめないで。これも1つ1つ分解して、丁寧に考えればわかる
ようになりますから。じゃあ、1つ1つのブロックの中がどうなっ
ているか拡大してみましょう。

> 2016年度に商品を新規で購入した顧客のうち、
> 2017年もリピート購入している顧客の数

> 2016年の顧客（15,000人）に対する
> 2017年のリピート顧客（2,100人）の割合

初回購入年度		2016		2017		2018	
2016年度	客数	15,000		2,100	14%	1,218	58%
	売上	65,000		44,850	69%	25,116	56%
	客単価	4,333		21,493	496%	20,634	96%
2017年度	客数			12,000		3,120	26%
	売上			85,700		66,846	78%
	客単価			7,142		21,282	298%

> 上記顧客による売上と客単価

● **桜花** 　やっぱりワケがわからないです……。

◆ **博士** 　移行表＝顧客動向表は文字通り、これまでお付き合いのあった顧客
がどう移行しているかを知るための表です。つまりLTVに直結する
表と言えます。まず表の縦軸は「初回購入年度」、そのお客さんが初
めて商品を購入した時期で分けています。「2016年度に初回購入し
た人」「2017年度に初回購入した人」「2018年度に初回購入した人」
……つまり学校でいうと"学年"みたいなものと捉えていいかもし
れません。

● **桜花** 　2016年度に初回購入、2017年度初回購入……新規でお客さんになっ
た人を1年ごとに分けてるんですか？　2016年度入学、2017年度
入学、みたいに。

◆ **博士** 　そうです、これまで関わった顧客を便宜上、初回取引があった年度
で区切ってるんです。で、横軸はその年度に知り合ったお客さんが
「その時点でどれだけ残っているか」を示しています。2016年度に

056

取引を開始した15,000人のうち、2017年も取引があったのは2,100人……そういうことです。

- ●桜花　最初に知り合った時から、どれだけ長く付き合いが続いているか、ですね。
- ◆博士　学校の例えがわかりやすいので引き続き使用すると、その年に"入学"した顧客で、学校を辞めずに"在学中"の人がどれだけいるかってことですね。
- ●桜花　ああ、だから右に行くにしたがってだんだん減っていくわけですね。2017年、2018年、2019年……と顧客数は減っていってます。みんなちゃんと"卒業"したんですね。または"退学"しちゃったとか（笑）。
- ◆博士　会社とのお付き合いでは卒業や退学されると困るんですが、まあそういうことです（笑）。その右の数字、14％というのは前年との比率。つまり"留年率"です。
- ●桜花　上の図でいうと、「2016年度に初回購入したお客さんは15,000人いたけど、2017年には2,100人になった。つまり前年比14％だった」と。そういうことですか？
- ◆博士　ブラボー！　見事な解釈です。その下の数字やパーセンテージも同様で、その顧客がどれだけの売上を立てて、客単価がいくらだったか。それが前年比でどう変わったかを表しています。この表はそのブロックの連なりなので、そこさえ理解できたらあとは一緒ですよ。
- ●桜花　あとは一緒って言われても……え、もう一回、このブロックの中身を復習していいですか？

パッと見、わけのわからない図表でも、ブロックを絞って理解して、それを拡げていけばなんとかなるのはサマリーと同じ。今回はかなり難易度が高いけど、"学年"と"留年"という考え方でなんとかマスターしたい！

LESSON 3 使えるデータの作り方

一度は"付き合った"お客さんがどれだけ離れていったのか？

- **◆博士** ブロックの中の復習は終わりましたか？ じゃあそれを踏まえた上で、そのブロックを横に伸ばして見てみましょう。

■ロイヤルカスタマーの推移

初回購入年度		2016	2017		2018		2019		2020		2021	
			↓14%	↓58%		↓81%		↓90%		↓102%		
2016年度	客数	15,000	2,100	14%	1,218	58%	987	81%	888	90%	906	102%
	売上	65,000	44,850	69%	25,116	56%	21,097	84%	17,933	85%	17,574	98%
	客単価	4,333	21,493	496%	20,634	96%	21,459	104%	20,386	95%	19,571	96%
2017年度	客数		12,000		3,120	26%	1,685	54%	1,280	76%	1,344	105%
	売上		85,700		66,846	78%	42,113	63%	29,900	71%	29,003	97%
	客単価		7,142		21,282	298%	25,113	118%	23,355	93%	21,720	93%

- **●桜花** 2016年度に"入学"した人で、2017年まで残ってるのが2,100人、2018年まで残ってるのが1,218人、2019年まで残ってるのが987人、2020年までが888人……やっぱり右肩下がりでだんだん減ってます。
- **◆博士** 2016年から2017年にかけて14%になり、2018年にかけて58%になり、2019年にかけて81%、2020年にかけて90%……そういうふうに変化したんですね。
- **●桜花** こうして見ると、改めてお客さんと長く付き合っていくって難しいですね。どうしても減っていきますもんね……。
- **◆博士** あ、その捉え方はいいですね。付き合うとか。今は年度別に区切ってますけど、そういう言い方したらもっと親近感が湧くかもしれません。2016年度に顧客になった人で2017年度を1年目とすると「3年間付き合えた人は987人、4年間付き合えたのは888人、5年間は906人……」。
- **●桜花** ああ、その表現グッときますね！ そう考えたら5年間も付き合ってくれた2021年のお客さん（906人）は、付き合って1年の2017年

時のお客さん（2,100人）の半分以下ってさびしいものがありますよ。せっかくお店に来てくれてたのに、半分以上のお客さんが4年間の間に来なくなっちゃったんですね……。

◆博士　そう、その考え方がデータ活用の神髄だし、LTV向上に至る道なんです！　今桜花さん、頭の中で何を想像しました？

●桜花　いや、博士が"付き合う"って言ったから、人とのお付き合いのことをイメージして。そしたら1年付き合った人、2年付き合った人、3年付き合った人……ってすごくリアルに想像できて。そんなに付き合ったのにどうして別れちゃったんだろう、もったいないな〜って思ったんです。

◆博士　数字をただの数字ではなく、自分のイメージしやすいカタチに変換して理解するってデータの読解にはものすごく重要な作業なんです。桜花さんは"付き合う"というイメージに敏感みたいだから引き続きそのたとえで話しますけど、「もったいないな〜」って思うんだったらどうしたらいいと思います？

●桜花　私だったら「久しぶり〜」って電話かけたりLINEしてみたりするかな。だってそれまで1年とか2年とか付き合ってたわけでしょ？　基本的には気が合う人なわけじゃないですか。さすがに元通りとまではいかなくても、こっちから連絡したら案外友達に戻れたり、また久しぶりに会えるようになるかもしれないし。

◆博士　いやはや、驚いた。桜花さん、まさしくそれがLTVの本質ですよ。せっかく何年もお店に足を運んだり、会社の商品を買ってくれたりしてたお客さんがだんだん離れていく。もちろん新しいお客さんを獲得することも必要だけど、一度はリピーターになってくれた人って、基本的にこっちのサービスや商品を好いてくれてたわけですよね。だったらどうして離れてしまったのか？　何かこっちに落度があったのか？　お客さんの住所や生活スタイルが変わってしまったのか？　それともただ単になんとなくフェードアウトしてしまってるだけなのか？……**それを探るのがLTV向上のカギになるし、それを上げるために桜花さんが言ったように「最近どう？」「お久しぶりです」ってDMを送ったりするのが大事な施策になるんです。**

LESSON 3 使えるデータの作り方

● **桜花**　私、せっかく出会った人とは長く付き合いたいタイプなんです。そう考えると私はLTVに向いてるのかもしれませんね！

　データ分析には数学的な才能が必要だと思われているかもしれませんが、私はそれよりイマジネーションのような芸術的な才能の方が重要だと思います。もしくは細かい差異からその背景にある理由や現象を推察できる感性だったり推理力、洞察力。

　桜花さんは私の"付き合う"という言葉に反応したことで、一気にデータを自分のものにしました。データがただの数字の羅列ではなく、「これまでお付き合いがあったのに別れてしまった過去の友達・恋人の姿」に重なって見えたんです。そうなればもうしめたもの。LTVとは、せっかく出会ったお客さんと長く濃く付き合うためのビジネスなので、その熱い気持ちを推し進めていくだけです。

▶ 「移行表」を眺めることでどんなことがわかるか？

◆ **博士**　桜花さんもだいぶ移行表の見方がわかってきたみたいですね。よりしっかり学ぶために、もうちょっと簡潔な表を用意しました。これを見ながら、改めてデータから何が読み取れるか学習していきたいと思います。

移行表2

年	新規顧客数	2021	2022	2023	2024
2020	1000	300	320	200	180
移行率		30.0%	106.7%	62.5%	90.0%
2021	1200		330	200	170
移行率			27.5%	60.6%	85.0%
2022	1400			400	380
移行率				28.6%	95.0%
2023	1600				
計	5200	300	650	800	730

060

2. 移行表（顧客動向表）

●桜花 これはシンプルでわかりやすいですね。2020年に取引をはじめた新規顧客が1,000人いて、翌年の2021年も引き続きお付き合いできたのが30%の300人、翌々年の2022年は106.7%の320人……あれ、増えてる？ 博士、これ復活愛ってことですか？

◆博士 一度離れた顧客がDM配布やキャンペーンなどで戻ってくることもあるんです。なのでロイヤルカスタマーは必ずしも減る一方じゃないと思ってください。

●桜花 復活愛があるなんて夢があっていいですね～。で、2023年には62.5%の200人になって、2024年には90.0%の180人になる、と。結局2020年に取引をはじめた1,000人の新規顧客のうち、4年間付き合いが続いたのは180人なんですね。うーん、これは問題です。なんとか残りの820人をもう一度振り向かせたいところです。

◆博士 そう、その考え方が大事です！ 移行表は長くお付き合いできている顧客数がわかる一方、離れてしまった優良顧客予備軍の存在を知るチャンスでもあって。取引が続いている人の割合を「移行率」と言いますけど、仮に移行率が50%だったとしたら、「半分も付き合いが続いてる」と思うのか「半分も逃してしまった」と思うのか、その意識の持ち方が重要になると思います。

●桜花 私は「半分も逃してしまった」派です！ 来る者は拒まず、去る者は追いましょう。DMを送ったりクーポンを配布したりすればお店に戻ってきてくれますかね？

◆博士 他にこの表から読み取れることは何かないですか？ 今度は横軸だけじゃなくて縦軸の変化にも注意してみてください。

●桜花 うーん……あれ？ 2020年初回購入者の翌年の移行率が30.0%、2021年初回購入者の最初の移行率が27.5%、2022年初回購入者は28.6%……そこから先はバラバラなのに数値が似てますね。これ偶然じゃないですよね？

◆博士 よく気づきましたね。こうやってデータを眺めていると、そうした"傾向"が見えてくるんです。

061

LESSON 3 使えるデータの作り方

年	新規顧客数	2021	2022	2023	2024
2020	1000	→ 300	320	200	180
移行率		30.0%	106.7%	62.5%	90.0%
2021	1200	→ 330	200	170	
移行率			27.5%	60.6%	85.0%
2022	1400		→ 400	380	
移行率				28.6%	95.0%
2023	1600				
計	5200	300	650	800	730

似てる…

仮説 ↓

一度購入した後、二度目に足を運んでくれる顧客は30%程度では?

◆博士　そこからどんな仮説が導き出せると思います?

●桜花　仮説ですか?　いや、わからないです……。

◆博士　たとえば、こういう仮説を立ててみるのはどうでしょう。「この会社では初めて商品を購入したり来店してくれた人の2回目のリピート率は30%程度である」と。

●桜花　なるほど。そういうことになりますね。2回目以降のリピート率はそんなに低くないけど、1回目⇒2回目は30%と低調。まあ、そうですよね。ウチのカフェでもたまたま入っただけとか、雑誌で紹介されてるのを見て来たっていう一見さんはたくさんいるし。1回目に足を運ぶのはたまたまかもしれないけど、2回目以降は「あそこに行こう」って意志があるわけで。そう考えると、2回目に足を運んでくれた人は「すでにこっちを気に入っている」という前提があるので、3回目、4回目とリピート率が下がらないのは納得です。

◆博士　さすが現場を知ってる人は理解が早い。そうなんです、お客さんの訪問頻度を1⇒2回目にするのはすごく難しいけど、それに比べると2⇒3回目は簡単になり、3⇒4回目、4⇒5回目になると常連さん化が進んでいるのでもっと簡単になるんです。

●桜花　そう考えると現在30%の1⇒2回目のリピート率を上げられたら、常連さんの数も全体的に底上げされるんじゃないですか?

◆博士　もうそこまで理解しましたか!　そうなんです、スタートダッシュに成功したらその後のロイヤルカスタマーの総数が増える可能性はおおいにありますよね。しばらく時間が経ってからお客さんを呼び戻そうとするより、初めて来てくれた時にすぐに手を打ってリピー

062

　　　　ト率を上げておいた方が有効という考え方が出てきます。出会って半年くらい経って「あの時の桜花ですけど……」って連絡しても相手は忘れてますから。とにかく会った瞬間が勝負。そこで連絡先を交換したり、次のデートのアポを入れておくのが恋のかけひきの鉄板ですよ！

- ●桜花　そのへん、めちゃくちゃ詳しそうですね……。でもそれと一緒ですね。初めて来てくれたお客さんをすぐに放すんじゃなく、そこで連絡先を聞いてDMを送ったり、次回使えるクーポンを渡したりすれば2回目の訪問につながるかもしれない。そうすると移行率も30%から上がるだろうし、そうなると全体のロイヤルカスタマーの数を増やすことができる——そういうことですよね？
- ◆博士　ということで、この表から「初見のお客さんをいかにつなぎとめるかが優良顧客の獲得には重要。じゃあどんなサービスをやろう？」という仮説が導き出されたりするんです。これこそデータの実用的な活用法ですよ。

> **桜花メモ**
> なんか数字を見ているだけなのに、恋愛とか出会いとか、自分の興味のあることに絡めて考えたら、いろんなアイデアが出てきた。出会った瞬間が大事、長くいいお付き合いをするには定期的な連絡がポイント……知れば知るほど、恋もビジネスも同じだってことがわかってくる。その想像の元になってるのが、数字が並んでるだけのデータっていうのが面白い！

大事なのは数字ではなく、その奥に人の姿が見えるかどうか

- ◆博士　他にこの移行表から何か見て取れることはありますか？
- ●桜花　そうですね……あ、2023年から2024年にかけて移行率がグッと上がってますけど、これは何かやったんですか？

LESSON 3 使えるデータの作り方

◆博士 よく気付きましたね。2022 ⇒ 2023年の移行率と、2023 ⇒ 2024年の移行率って明らかに違いますよね。

移行率60%台 　　　　移行率90%前後

年	新規顧客数	2021	2022	2023	2024
2020	1000	300	320	200	180
移行率		30.0%	106.7%	62.5%	90.0%
2021	1200		330	200	170
移行率			27.5%	60.6%	85.0%
2022	1400			400	380
移行率				28.6%	95.0%
2023	1600				
計	5200	300	650	800	730

全体的に
上昇してる

仮説

2023年に既存客を呼び戻す
何らかの施策を打った？

●桜花 だって2020年新規の人、2021年新規の人、2022年新規の人、どれも関係なく移行率が上昇してるし。こんなに急に全体が跳ね上がるのはおかしいですよ。だったら既存のお客さんに向けて、何か対策をしたのかなって。

◆博士 そうなんです、この時期に会社として改めて「ロイヤルカスタマーを大事にしよう」「既存のお客さんとの関係を強化して、ロイヤルカスタマーに育てていこう」という方針を打ち出したんです。実際かなりの予算をかけてキャンペーンを行い、割引クーポンや宣伝DMも打ちました。その成果が翌年の移行率につながったんです。

●桜花 キャンペーンをやって、その成果がこうした数字で見えると「やった甲斐があるな」「ちゃんと伝わってるな」っていうのがわかってうれしいですね。

◆博士 ああ、桜花さん本当に成長してますね……。**データ活用の神髄は、数字を見るんじゃなくて、その奥にある人の心を見ることなんです。**単純に移行率が上がったことが大事なんじゃなくて、それはつまり何を意味するのか。再び店に足を運んで、買い物をしてくれる人が増えた、こっちが「今はこんなフェアをやってますよ」「次にまた来てくれたらこんな割引がありますよ」と伝えたことで、お客さんが「またあそこに行ってみようかな」と思えた……そうした心の機微や交感まで読み取れるかが重要なんです。

2. 移行表（顧客動向表）

● **桜花** うん、「実は数字を見てるんじゃなくて、数字の奥にいるはずの人を見てる」っていうのはすごくわかります。

◆ **博士** 話がちょっと横道にそれますが、私が以前社長を務めていた通販会社で調べたら、通販開始年に取引があった1万人のお客様のうち、25年経った時期でも取引があったのは約100人だったんです。**1万人中の100人、たった1%と思うかもしれませんが、上がり下がりのある25年間の中で、継続的にこちらと関わってくれたファンの貢献は計り知れないものがあると思うんです。**だって40歳で取引を開始したとして65歳までお付き合いくださってるんですよ？　まさにロイヤルカスタマーの鑑です。

● **桜花** ウチのカフェは歴史が浅いですけど、そういうお客さんが付いてくれるのが理想ですね。もはや人生の伴走者というか、一緒に齢を重ねていく感じというか。その人の人生のそばに常にウチの店があるっていうのがうれしいです。

◆ **博士** で、新入社員にあいさつする時私は言うんです。「これからみなさんが出会うお客さんとどこまで長い付き合いができるかは、みなさん次第です。**ここから10年先、25年先も引き続き『あなたからモノを買いたいわ』と言ってもらえるような関係を作っていきましょう」**と。

● **桜花** それ、いい言葉ですね。これまで積み重ねてきたロイヤルカスタマーの存在に支えられて今があり、未来を一緒に作っていく新たなロイヤルカスタマーの獲得に力を入れる。ビジネスっていうのは、そういうことかもしれません。

　データを数字として捉えているうちは、チンプンカンプンだと思います。大事なのはそのデータが何を意味しているか理解すること。

　私たちがやっているビジネスはお金を媒介にしていますが、結局のところ人と人との付き合いに他なりません。お客様一人一人のことが頭に入っているのが一番ですが、数が増えてくるとそれにも限界があります。そこを数字を用いて把握しようとしているのがデータ活用の本質です。本当に大事なのは数字ではなく、その奥にいる人の姿が見えるかどうかなのです。

LESSON 3 使えるデータの作り方

3. LTV表

優良顧客の動向を多角的に分析する「LTV表」

- ◆博士　じゃあ次は3番目の表です。移行表でLTVの概念はわかってもらえたと思うので、その発展版という感じです。
- ●桜花　博士、もう続きは次回にしませんか？　私、頭を働かせすぎたからか知恵熱が出てきて……。
- ◆博士　流れ上、今日のうちに使えるデータ活用術は全部紹介しておきたいんです！　はい、ここで紹介するのは「LTV表」。一般には使われてないかもしれないけど、LTVの確立に特化した表です。
- ●桜花　いよいよLTVの核心に迫ってきた感じですね。
- ◆博士　移行表でロイヤルカスタマーの存在を感じましたよね？　初回購入年度別に区分けして、それぞれの年度で今も取引が続いてる人がどれくらいいるか、それを見える化したのが移行表でした。ここからはそのロイヤルカスタマーの存在を、いろんな角度から分析していきます。
- ●桜花　いろんな角度から分析ですか？
- ◆博士　これも見てもらった方が早いでしょう。LTV表は特にフォーマットがあるわけじゃないので、ひとまず私のやり方で作りました。まずこれはどうでしょう。

獲得月別LTV表

獲得月	獲得人数	LTV3	LTV6	LTV12
2023年1月	100	3500	4000	5000
2023年2月	110	3300	4100	5200
2023年3月	100	4000	4300	5000
2023年4月	120	4200	4800	
2023年5月	104	3800		
2023年6月	140			
2023年7月	150			
2023年8月				
2023年9月				
2023年10月				
2023年11月				
2023年12月				
2024年1月				
2024年2月				

●桜花　あ、結構シンプルで安心かも。これは……横軸の「LTV 3」「LTV 6」「LTV 12」は取引を開始して3ヶ月、6ヶ月、12ヶ月で通算いくらお金を使ってくれたかですよね。縦軸は取引がスタートした月かな？

◆博士　そう、これは月別の顧客獲得数と、そんな彼らがトータルで支払った金額を組み合わせた表です。月別の移行表と近い感じですね。じゃあ、これはどうでしょう？

●桜花　これは横軸は同じだけど、縦軸が違いますね。広告番号？

◆博士　これはいろんな種類の広告を打って、それに対してどれだけの顧客が獲得できたのか、さらにその顧客のLTVを追ったものです。

●桜花　広告別によるLTVの推移ですね。

◆博士　もうひとつ見てましょう。

●桜花　今度は縦軸が「商品別」に変わりました。つまり商品別のLTVですよね。商品Aを買った人が3ヶ月、6ヶ月、12ヶ月でいくら使ったか、商品Bはどうか……なんかいろんな切り口でLTVをチェックしてる感じがします。

広告別LTV表

広告番号	獲得人数	LTV3	LTV6	LTV12
0001	50	2000	2500	3000
0002	15	4000	4500	5000
0003	200	3000	3800	4400
0004	250	3500	3900	4600
0005	100	3800		
0006	30			
0007	10			
0008				
0009				
0010				
0011				
0012				
0013				
0014				

商品別LTV表

商品	獲得人数	LTV 3	LTV 6	LTV 12
A	50	4000	4600	5200
B	15	6000	7000	8500
C	200	2800	4000	5900

◆博士　そう、このLTV表は文字通り直接的にLTVの推移を表したもの。それを時期別で見たり、広告別、商品別で見たり。多角的にチェックすることで、その項目に関連するお客さんにどんな特徴があるのか見極めようとしてるんです。

●桜花　移行表で浮かび上がったロイヤルカスタマーの存在を、さらに細か

LESSON 3 使えるデータの作り方

い分析で分類・把握しようとしてる感じです。

◆博士 そういうことです。最初の月別は移行表と似てるのでいいとして、次の広告別、商品別を見て何か発見がありません？

●桜花 そうですねぇ、商品別のLTV表を見ると、商品Bと商品Cでは獲得者数とLTVのギャップが大きいですね。

◆博士 ここからは「商品Bは滅多に売れないけど、購入者の消費額は高額。一方の商品Cは非常によく売れるけど、購入者の消費額はそこそこ」ということが読み取れます。

商品	獲得人数	LTV3	LTV6	LTV12
A	50	4000	4600	5200
B	15	6000	7000	8500
C	200	2800	4000	5900

獲得人数はC＞＞＞Bだが、LTVはB＞C

●桜花 つまり商品Bはそれほど売れないけど、購入者は多額の購入をしてくれる傾向にある、と。あんまり売れないからといって商品Bを下げるのはもったいないですね。

◆博士 **なのでこれを見て「商品B購入者のLTVが高いのなら、もっと商品BをプッシュすればLTV全体も上がるのでは？」という仮説が出てきます。**

●桜花 商品Cはめちゃくちゃ売れるから、ついそっちを推したくなるけど、実は商品Bの購入者の方がお金を使ってくれている──これは長期的にLTVを追っていないと見落としてしまう事実ですね。

◆博士 そうなんです、LTVのポイントは長期的視点で市場を見ること。広告にしても商品にしても初動がいいのは大事ですが、長期的に見ると結果は違ったりするんです。パッとしないと思われていた商品がジワジワ売上を伸ばしたり、最初は何の問い合わせもなかった広告が後から効果を発揮したり。**意外な人気者を見落とさないというのはLTVを追いかける上で重要だと思います。**

●桜花 確かにテレビや新聞の広告はすぐに反応して、すぐに忘れ去られる感じですけど、雑誌や看板などの広告は後からジワジワ効いてきます。

◆博士 **LTV表は、さまざまな切り口でLTVを分析することで、顧客に何が響いて、何が響いてないかをチェックするためのツールといえます。** どの広告がどんなふうに届いているのか、どの商品がどんなふ

うに買われているのか、これを使えばただ市場の状況を把握するだけでなく、前回説明した「ABテスト」のように広告Aと広告Bのどちらが有効かをテストすることも可能です。

- 桜花　顧客属性とかABテストとか、前に勉強しましたね。**そっか、このLTV表って顧客属性によるLTV分析をデータ化しただけなんですね。で、ただ現状を分析するだけじゃなくて、ABテストを仕掛けるなど、こちらから顧客の好みを探ることもできる。**そういうことですよね？

> 桜花メモ
>
> いろんな数字とか表がいっぱい出てきて頭がパンクしそうだけど、なんとか頑張って付いていったら少しずつわかってきた。これって前回習った顧客属性やLTVの理論を、実際のデータで確認しているだけだ。前回のノートをめくると「データがあることで、お店にとっての『勝利の方程式』が確立できる」「データはあくまでデータ。そこから意味を読み取るのは人の目」……やってることは前と同じじゃん！

顧客と心が通い合っている証がLTV

- ◆博士　改めてお話ししますけど、結局LTVで大事なのは顧客のペルソナ（キャラクター）を把握することなんです。お客さんに対してもともと設定しているペルソナがあって、彼らに刺さる商品はどれか、どんな媒体を目にしているのか、どんなキャッチコピーを書けば響くのか、どんな写真を使えば気に入ってもらえるのか……そういったことをデータを用いて読み解いていくのがデータ分析のキモなんです。
- 桜花　そういえば、そんなことも言われてましたね。データはお客さんのイメージやペルソナを正確に把握するためのツールだって。
- ◆博士　だって誰かをデートに誘うとして、イタリアンが好きなのに和食を提案しても断られるのがオチでしょう？　最初からイタリアンが好きだとわかっていれば、それに即したデートプランを立てられるし、

LESSON 3 使えるデータの作り方

会社であればそれに合わせた商品開発をすることができる。

- ●桜花　またデートのたとえですか？

- ◆博士　何度も言いますけど、恋愛もビジネスも一緒なんです。いかに相手が求めているサービスを提供できるか。そのためには、まず相手のことを知らなければなりません。何が好きで、どんなことが気になっているか。だってイタリアンが好きなのに和食に誘うって「私のことわかってないわね！」ってなりません？

- ●桜花　まあ、私のことにあんまり興味ないんだなって。

- ◆博士　ある意味、LTVっていうのは相手と心が通い合ってる証なんです。相手にはニーズがあって、それにこちらが応えられているからいいお付き合いができている。相手の心が離れていないか、ちゃんと心が通い合っているかを示す指標がLTVなんです。しかもビジネスは恋愛と違って、最愛の人は1人じゃなくていいわけですからね。

- ●桜花　うわー、本音出た！　ビジネスは一夫多妻制？

- ◆博士　まあ、そこまでは言いませんけど、どちらにしろ相手のことをちゃんと知りたいじゃないですか。桜花さんだって思い当たるフシがあるでしょう？　会ってすぐ「デートしよう！」って迫ってくる人もいれば、最初は冷たそうに見えてもコンスタントに連絡をくれて、気が付けば心が通い合ってたり。LTVが高いっていうのはまさに後者ですよ。

- ●桜花　それはわかります。最初だけ盛り上がってスーッと消えてしまう人もいれば、性格がスローペースでゆっくり距離が近づいていく人もいる。自分にとって本当に大事な人はどっちなのか？　それってまさにLTVですよね。

- ◆博士　相手のことがわかれば「この映画が好きそうだから誘おう」とか「遊園地は苦手そうだからドライブにしよう」とか未来のデートプランも立てられるし、それが刺さればさらに心が近づいていく。ただ、最初に会った時にLINEを教えてもらっておかないとその後の連絡はとれないし、会ってすぐの時点で何らかのリアクションを返さなかったらその気がないと思われて忘れられるし、夏に会ったあの子には冬のうちにDM送っておかないと別のいい人ができるかもしれない

3. LTV表

- ●桜花 　し……ほんとすべて恋愛と一緒！
- ●桜花 　博士の話を聞いてると、データもデートも同じなんだって気がしてきました。
- ◆博士 　ちょっと話が脇道にそれましたけど、つまりデータで顧客を分析するっていうのは最愛の人がどんな人なのか見極めようとしてるってことなんです。そしてこっちの愛がちゃんと伝わってるか、そして向こうの愛もちゃんといただいているか、それを確かめるのがLTVなんです。
- ●桜花 　データ分析は相手に対する思いやりであり優しさ。お互い愛し合っていることの確認がLTV——うーん、ますますデータ分析にやる気が湧いてきました！

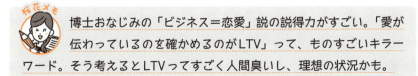

博士おなじみの「ビジネス＝恋愛」説の説得力がすごい。「愛が伝わっているのを確かめるのがLTV」って、ものすごいキラーワード。そう考えるとLTVってすごく人間臭いし、理想の状況かも。

LESSON 3 使えるデータの作り方

4. 購入履歴分析（RF分析）

> 移行表をさらに細かく分析した「購入履歴分析（RF分析）」

- ◆博士　話が脱線しましたが、最後の表に進みましょう。最後に紹介するデータ活用法は「購入履歴分析」。いわゆる「RF分析」です。
- ●桜花　RF分析って1回目のレッスンでも出てきましたよね。この前は難しすぎてほとんどわからなかったけど、今なら理解できるかな？
- ◆博士　RF分析は移行表をさらに細かくしたもので、各月のリピート回数別の顧客数を表にしたものになります。RFというのはそれぞれ「最終購入日（Recency）」「購入頻度（Frequency）」の略ですね。

RF表

R＼F	'24年1月	'23年12月	'23年11月	'23年10月	'23年9月	'23年8月	'23年7月	'23年6月	'23年5月	'23年4月	'23年3月	'23年2月
1	1031	953	747	468	495	473	474	361	416	436	480	462
2	457	343	233	162	182	162	170	126	143	150	160	154
3	294	212	121	81	117	87	87	80	76	78	70	60
4	158	121	97	64	71	64	51	48	45	42	36	42
5	132	73	59	48	50	30	40	23	31	27	26	38
6	110	72	50	39	53	30	35	23	30	17	27	17
7	88	51	33	21	32	20	14	14	16	18	11	5
8	70	51	25	20	25	25	16	8	16	11	15	14
9	85	45	27	15	27	9	9	11	12	11	4	7
10～	75	28	19	14	14	11	7	9	5	6	9	4
20～	50	19	13	9	9	7	5	6	3	4	6	3

※RF表は会社によってはRを縦軸、Fを横軸に作ることもある。

- ●桜花　やっぱり全然わからないです……これはどう見ればいいんですか？
- ◆博士　横軸は最終購入日で、左の列になるにつれて最近、右の列になるにつれて過去を表しています。縦軸は現在までに何度リピート購入してくれたかを表しています。なので右上の表のように「以前一度サービスを利用していて、2023年4月に2回目の利用をした人が150人」、こういうふうに読みます。

4. 購入履歴分析（RF分析）

●桜花　えーっと、じゃあ「一番最近は2023年11月にサービスを利用して、これまでの購入歴が10～19回の人が19人」、こういう見方で合ってます？

◆博士　ハイ、そういうことになります。

一番最近購入した月（Recency）

R／F	'24年1月	'23年12月	'23年11月	'23年10月	'23年9月	'23年8月	'23年7月	'23年6月	'23年5月	'23年4月	'23年3月	'23年2月
1	1031	953	747	468	495	473	474	361	416	436	480	462
2	457	343	233	162	182	162	170	126	143	150	160	154
3	294	212	121	81	117	87	87	80	76	78	70	60
4	158	121	97	64	71	64	51	48	45	42	36	42
5	132	73	59	48	50	30	40	23	31	27	26	38
6	110	72	50	39	53	30	35	23	30	17	27	17
7	88	51	33	21	32	20	14	14	16	18	11	5
8	70	51	25	20	25	25	16	8	16	11	15	14
9	85	45	27	15	27	9	9	11	12	11	4	7
10~	75	28	19	14	14	11	7	9	5	6	9	4
20~	50	19	13	9	9	7	5	6	3	4	6	3

（縦軸：購入頻度（Frequency））

一番最近は2023年11月にサービスを利用して、これまでの購入歴が10～19回の人数

以前に一度サービスを利用しており、2023年4月に2回目の利用をした人数

●桜花　かなり細かい分類ですよね。これをどう読み取ればいいんですか？私には難しすぎてお客さんの顔や状態が浮かんでこないんですけど。

◆博士　これだと細かすぎますよね。なので便宜上、今回は下のように4つに分類することにします。

R／F	'24年1月	'23年12月	'23年11月	'23年10月	'23年9月	'23年8月	'23年7月	'23年6月	'23年5月	'23年4月	'23年3月	'23年2月
1	1031	953	747	468	495	473	474	361	416	436	480	462
2	457	343	233	162	182	162	170	126	143	150	160	154
3	294	212	121	81	117	87	87	80	76	78	70	60
4	158	121	97	64	71	64	51	48	45	42	70	42
5	132	73	59	48	50	30	40	23	31	27	26	38
6	110	72	50	39	53	30	35	23	30	17	27	17
7	88	51	33	21	32	20	14	14	16	18	11	5
8	70	51	25	20	25	25	16	8	16	11	15	14
9	85	45	27	15	27	9	9	11	12	11	4	7
10~	75	28	19	14	14	11	7	9	5	6	9	4
20~	50	19	13	9	9	7	5	6	3	4	6	3

新規顧客　準・安定顧客　安定顧客　優良顧客

□ Aセグメント　□ Bセグメント　□ Cセグメント　□ Dセグメント

073

LESSON
3 使えるデータの作り方

●桜花　A〜Dの4つに分かれてますね。これはどういう意味があるんですか？

◆博士　Aセグメントはここ半年以内に出会って1回だけの購入で止まっているお客さん。つまり出会っただけでまだ何の発展もない「新規顧客」です。Bセグメントはここ半年以内に出会って2〜4回の購入があったお客さん。ここは付き合いはじめというか、これからもっと親しくなれるかどうかの瀬戸際にいる「準・安定顧客」です。Cセグメントはすでに5〜9回も購入があって、普通にお付き合いしていると言える「安定顧客」。そしてDセグメントは10回以上も購入がある「優良顧客」、いわゆるロイヤルカスタマーです。

●桜花　そう説明してもらえると助かります。

◆博士　よりわかりやすく説明すると、こういうふうに言えるかもしれませんね。

■**準・安定顧客**…なじみ客（顔を覚えているお客様、客単価も標準）

■**安定顧客**………常連客（顔はもちろん好みや名前も分かっているお客様、客単価は標準以上で頻度も多い）

■**優良顧客**………ロイヤルカスタマー、お得意様（長年通い続けている常連の中の常連客、客単価も高く頻度も多い、紹介も多い）

●桜花　これならわかりやすいですね。で、それが何か？

◆博士　この表からも大事なことがたくさん読み取れますよ。経営者にとって「え、そんなことがあったんだ！」って驚くようなことも。

●桜花　さすがにわからないですって。ここから何がわかるか教えてくださいよ。

◆博士　**実はこの表「新規顧客が何人いるか」「リピート顧客が何人いるか」がわかるだけでなく、逆に「どれだけのお客さんが商品を購入しな**

4. 購入履歴分析（RF分析）

くなったのか」がわかる表でもあるんです。

- ●桜花　商品を購入しなくなったお客さん？

- ◆博士　たとえば半年前、2023年7月の部分を見てみましょうか。この月、10〜19回購入してくれた人が7人、20回以上購入してくれた人が5人います。でもこの人たちは2023年7月に最終購入して以来、半年近く購入がないんです。つまり2023年7月の段階で購入が止まっている状態なんです。それまで頻繁に購入してくれていた優良顧客なのに、半年も音沙汰がないっていってちょっと気になりません？

- ●桜花　気になりますよ。ウチのカフェでも毎週来てくれてた常連さんが半年来なかったら心配しますもん。病気でもしたのかな、なんかこっちに不手際があったのかな、他にいいカフェ見つけたのかな……って。

- ◆博士　この優良顧客ゾーンにいるのは常連さんであり、ロイヤルカスタマー。音沙汰が途絶えているこのお客さんを今のまま放っておいていいんですか、って話ですよ。

- ●桜花　それはよくありませんね〜。そんなに簡単にサヨナラしたくありません！

R／F	'24年1月	'23年12月	'23年11月	'23年10月	'23年9月	'23年8月	'23年7月	'23年6月	'23年5月	'23年4月	'23年3月	'23年2月
1	1031	953	747	468	495	473	474	361	416	436	480	462
2	457	343	233	162	182	162	170	126	143	150	160	154
3	294	212	121	81	117	87	87	80	76	78	70	60
4	158	121	97	64	71	64	51	48	45	42	36	42
5	132	73	59	48	50	30	40	23	31	27	26	38
6	110	72	50	39	53	30	35	23	30	17	27	17
7	88	51	33	21	32	20	14	14	16	18	11	5
8	70	51	25	20	25	25	16	8	16	11	15	14
9	85	45	27	15	27	9	9	11	12	11	4	7
10〜	75	28	19	14	14	11	7	9	5	6	9	4
20〜	50	19	13	9	9	7	5	6	3	4	6	3

最終購入が2023年7月のロイヤルカスタマー（購入回数10回以上）が12人いる

つまり

12人のロイヤルカスタマーが半年も購入していない

075

LESSON
3 使えるデータの作り方

◆博士 　私がいた健康食品業界では約3ヶ月間購入がなければ、そのお客さんは同じ会社から二度と商品を買ってくれないという定説があります。これが健康食品の世界であれば、この12人の優良顧客はもうアウトです。

●桜花 　それはマズいですね〜。手を打つなら早い方が絶対いいですよ。だってあれだけラブラブな日々を送ってたわけでしょ？　10回も20回もデートしてるんですよ。そんなに簡単に手放しちゃ絶対ダメですよ。博士が言うように、あまり時間が経つと心が完全に離れてしまうから、まだ気持ちが冷めてない今ならやり直しができるかも。

◆博士 　ですよね。だからこういう人たちに対してピンポイントでDMを送ったり、なんらかのアクションをした方がいいんじゃないか、という施策が導き出されるわけです。

●桜花 　なるほど。いやぁ、危なかった……あやうく本当に大事なロイヤルカスタマーを失ってしまうところでした。そう考えるとこのRF表、すごく大事ですね。

◆博士 　そうでしょ？　お客さんって離れる時は何も言わずにスーッといなくなるものなんです。大事な常連さんをそんなに簡単に手放していいのか？　これまでのお付き合いの日々をなかったことにしていいのか？　RF表からはそうした「離れつつあるお客さん」の存在がわかるので、ある意味「本当に行ってしまうのかい？　キミはそれでいいのかい？」と問い掛けるラストチャンスをもらえると言ってもいいかもしれません。

●桜花 　うわー、切ない別れだ。でも私も黙って去られるより、みっともなくても追いかけるタイプです。「セールやります！」「割引します！」「悪いところがあったら直します！」とか、どんな手を使ってでも興味を惹ければ、また振り向いてくれるかもしれませんしね。

　RF分析は専門的な内容なので桜花さんには難しいかと思っていましたが、これまでのレッスンでデータに慣れてきたからか、はたまた恋愛のたとえがツボにはまったからか、スムーズに理解してくれたみたいです。

　RF分析のひとつのキモは、前述したように「購入した人がわかる」と同時

に「購入しなくなった人がわかる」ということ。顧客別の購入履歴がわかれば、離れていきかけている常連さんが実際に誰なのかを特定することも可能です。一人一人の顔や好みを思い出せれば、より的確で心に響くアプローチもできます。

いつ、どこで、誰が離れてしまったかが可視化されることによって、こちらは具体的な対策をとることができます。一度つかんだロイヤルカスタマーは逃さない——これはLTVを追求する上でとても大事な姿勢です。

相手を知り、相手の状況に合ったサービスを展開する

- ◆博士　他にこのRF分析から何か感じるものはありますか？
- ●桜花　まさに今心が離れつつあるロイヤルカスタマーを発見できたのは驚きでしたね。そういう感じの人、他にもこの表の中に隠れていたりしませんか？
- ◆博士　それはさっきの新規顧客、安定顧客、優良顧客といったセグメント分けに出ているかもしれませんね。たとえばまだ1回か2回しかサービスを利用したことがない新規顧客に対して、桜花さんはどんな施策をすればいいと思います？
- ●桜花　うーん、まずはサービスを利用してもらうことが先決だから、割引とかクーポンで興味を惹くって感じでしょうね。
- ◆博士　それが基本的なやり方ですよね。まずは割引券などで足を運んでもらって、付き合いを習慣化してもらう。じゃあ同じサービスを優良顧客にもやりますか？
- ●桜花　いやいや、常連さんにはわざわざ割引サービスを適用することはないでしょう。だって今の状況で気に入ってくれてるのに、金額を下げてもうれしくないですよ。こういう常連さんはお金がどうのこうのじゃないと思います。
- ◆博士　心を通わせて付き合ってるのに、さらにお金で釣ろうっていうのは

LESSON
3 使えるデータの作り方

むしろ失礼にあたるかもしれませんよね。「ごはんおごってあげるから、もう1回会おうよ」みたいな。

● 桜花　もうそういう段階の付き合いじゃないですもんね。あ、じゃあ常連さんにはロイヤルカスタマー限定の特別サービスとか特典を付けてあげるのはどうでしょう？　そうすると特別扱いしてもらったということで心の距離がもっと縮まるかも。

◆ 博士　それはいいアイデアですね。つまりこのRF分析からわかるのは、それぞれのセグメントによって適したやり方があるってこと。新規顧客に対してはクーポンや割引で興味を惹きながらサービスに慣れてもらい、安定顧客にはたとえばカタログを送るなどしてサービスの内容を詳しく知ってもらい、そして優良顧客にはプレミアムサービスを展開して一段上の取引に引き上げる——そういうやり方が見えてきませんか？

● 桜花　確かに出会ったばかりの人に高価なプレゼントをしても引かれるだけだし、付き合いの長い人にごはんをおごってあげても「どうしたの急に？」ってなるだけだし。相手の状況に合ったサービスを展開するっていうのは重要ですね。

◆ 博士　恋愛も、ビジネスも、相手をちゃんと見て対応しないとうまくいくことはないですよ。さて今日のレッスン、長丁場だったけどどうでした？

● 桜花　最初はまったく意味がわからなくて絶対私にはムリって思ってたけど、博士に説明してもらってデータを見たら、だんだん"そういうふう"に見えてきたのが印象的でした。"そういうふう"っていうのは、「ここに心が離れかけている常連さんがいる」とか「ここのお客さんは少数かもしれないけど、単価も高くてこちらのサービスを気に入ってくれている」とかで、それが数字を通して透けて見えるのはすごいですね。まだまだわからないところはいっぱいあるけど、キッカケはつかんだと思うので、家で復習することで見方のコツや法則をもっと体に染み込ませていこうと思います！

桜花の復習ノート
LESSON 3

　今日の授業は数字がキライな私でも、博士のおかげでだいぶ理解できた。数字が並んでいるだけのデータでも、見方によってその裏にあるお客さんの気持ちがわかる。特に「LTV＝心の通った人」という部分には説得力があった。

　今日習ったデータ表は「サマリー」「移行表」「LTV表」「RF分析」の4つ。まずはサマリーで経営の全体像をチェックして、移行表でロイヤルカスタマーの存在を認識し、それをLTV表やRF分析でさらに細かく検証していくって感じかな。まずはこれらの表をパッと見て、すぐにお客さんの状態・状況がわかるところまで勉強しよう。

今日のまとめ

- 各種のデータや表を活用することで、顧客の現状や状況を把握できる
- LTVでもっとも大事なのは顧客のペルソナ（キャラクター）を把握すること
- LTVとは相手と心が通い合っている証

今日出てきた用語

【サマリー】
要約、まとめ。顧客数などに関して前月比、前年比を簡潔にまとめた表。

【移行表（顧客動向表）】
これまで取引のあった顧客と翌年、翌々年と引き続き取引が続いているかを知るための表。翌年も取引が続いている人の割合を「移行率」と呼ぶ。

【LTV表】
顧客属性を切り口にして、LTVの推移を示した表。こうした分析を繰り返して顧客のペルソナを明確にする。

【購入履歴分析（RF分析）】
最終購入日と購入頻度から顧客の状況を「新規顧客」「優良顧客」などに分類していく。リピート顧客の存在がわかる一方、購入をやめてしまった顧客の存在が察知できることも特徴。

LESSON 4

実はデータって こう見るんだ!

LESSON 4 実はデータってこう見るんだ！

1. 年齢

> **年齢層が高い方がLTVも高いし優良顧客になりやすい**

　結局時間を少々延長して行った前回のレッスン。さすがに終わった直後は桜花さんも疲れた顔をしていましたが、今日は晴れやかな表情を浮かべています。一番難解だと言われるデータや表を使った講義を乗り切ったことで自信が付いたのかもしれません。

- ◆博士　前回のレッスン、大丈夫でした？
- ●桜花　あの後、家に帰ってから何回もノートを見直して復習したんですけど、全部がスッキリわかったとは言えないですね。でも「数学嫌いだった私がそんなに簡単にデータをマスターできるわけないか」って割り切ったら気持ちがラクになって。わかるところはわかるところ、わからないところはわからないところで、このまま進めていけばいいかなって思ってます。
- ◆博士　そうですね、一気に全部わかると思わない方がいいかもしれません。特に前回は難解な解釈も伝えました。今後は習うより慣れろ、実際にデータを活用していくうちに身についていくと思います。
- ●桜花　習うより慣れろで博士に付いていきます！　で、今日のレッスンは何ですか？
- ◆博士　安心してください。データ講座で一番脱落者の多い図表解釈の授業は前回終わったので、ここからは比較的ラクになっていきます。今回桜花さんにお話しするのは顧客属性別データの傾向と対策、つまり各種のデータをどう見るか。前回、移行表やRF分析でロイヤルカスタマーの存在を認識し、LTV表で顧客属性とLTVの相関性を分析できると説明しました。今回はそこで見えた結果を元に、それぞれの顧客属性とLTVの関係を見ていきます。

1. 年齢

- ●桜花 　今回はより実際の現場で使えそうな講義ですね。
- ◆博士 　最初の顧客属性は「年齢」です。桜花さん、年齢とLTVの関係で思い当たることって何かあります？
- ●桜花 　若い人はあまりお金を持ってないので客単価が低いっていうのはありますね。だからLTVも低いんじゃないでしょうか。あとLTVじゃないけど、若い人の方が情報に敏感でSNSの活用が盛んです。年配の人はテレビや新聞で紹介されたら反応するけど、若い人は一切ナシ。若い人はInstagramやTikTokといったスマホ中心で、逆にこっちは年配の人は全然反応しないです。SNSに関しては、年配の人はFacebookを多く使っています。
- ◆博士 　さすが現場に立っているだけあって、正確にお客さんの特性を把握していますね。マーケティング業界でも年齢が高い方がLTVが高いというのは定説です。当然、年配の方が可処分所得が多いですから。
- ●桜花 　つまり年齢層が高いほどロイヤルカスタマーになる確率が高いんですか？
- ◆博士 　その確率は高いと思います。それは客単価の問題もあるけど、習性として、人は齢をとるにしたがって変化を求めなくなるという傾向も関係していると思うんです。人は齢をとると新しいものより安心・信頼できるものを求めるようになりがちなんです。そうなると同じ店、同じ商品、同じサービスを使い続けるようになって、ロイヤルカスタマー化が進むんです。
- ●桜花 　それって真理ですね！　私も若い頃は着る服のブランドや行くお店がコロコロ変わったけど、30代になって以降は自分の好みもわかって同じところにしか行かなくなりましたもん。齢をとって保守的になってきたのかもしれないけど、それってお店側にしてみたらロイヤルカスタマーになってるってことですよね。

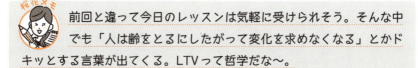

前回と違って今日のレッスンは気軽に受けられそう。そんな中でも「人は齢をとるにしたがって変化を求めなくなる」とかドキッとする言葉が出てくる。LTVって哲学だな〜。

LESSON 4 実はデータってこう見るんだ！

年齢は顧客のペルソナやライフステージを想起しやすい

- ◆博士　他にも年齢の高い人は若い人に比べて移動が少ないという特徴があります。年配になると持ち家に住んでることも多いし、60代以上になると現実的に引越は難しくなりますからね。ということは一度住所を教えてもらったら、ほぼ永続的に郵送のDMを送ることが可能です。

- ●桜花　そういう視点もあるんですね。確かに若い人、特に独身の人は頻繁に引越するし、せっかくDMを送っても届かないことが多いです。

- ◆博士　それって郵送費や広告代のムダ遣いですよね。若い人はアドレスやアカウントもしょっちゅう変えるからデジタルで捕まえておくことも難しくて。そういう意味で若い人の住所リストは年配の人のリストに比べて価値が低いと言えます。

- ●桜花　デジタルでメール送ったりLINEしても未開封で捨てられたりするから、なかなか届いてる手応えがしないんです。その点、郵便のDMは絶対一度はポストで手に取ってくれるので、そういう意味でも住所を知ってる年配者の存在は大きいですね。博士は他に年齢属性で気にしていることはあります？

- ◆博士　年齢はターゲティングしたり顧客のペルソナを設定したりする上で重要な要素ですけど、うまく噛み合わないこともあるんです。特に女性は「モデルに使った人の＋20歳が実際の購買層」とよく言われます。

- ●桜花　それはどういうことです？

- ◆博士　たとえば30代の女性をターゲットにしようとして30代のモデルを使うと実際の購買者層は50代が多くなります。50代の女性に届けようと50代のモデルを使うと実際の購入者層は70代だったりすることが多いんです。こちらが狙った層と実際の購入者層に齟齬が起きることはよくありますね。

- ●桜花　女性ファッション誌の読者層も同じだと聞きました。確かに私も若

い人の情報を知ろうとするかも……。

◆**博士** そうした「プラス20歳の法則」を知っておくとお店の商品開発や広告宣伝の作り方に生かせますよ。女性に対しては、想定する年齢層のマイナス20歳のイメージで情報発信するくらいがちょうどいいという傾向があるようです。

●**桜花** 顧客の年齢データは会社の運営にとって重要ですか？

◆**博士** 重要でしょうね。年齢って仮説を立てやすいんです。ペルソナもイメージしやすいし、年齢ごとのライフステージも想起しやすい。あと会社にしろお店にしろ、顧客と一緒に齢をとっていくというケースもあります。

●**桜花** それわかります！　矢沢永吉さんのファン層は60代以上の人が多いし、ミスター・チルドレンのコンサートは50代の人が多い。ミュージシャンとファンが一緒に齢を重ねていく現象ってありますよね。

◆**博士** 「Cafeアレグリア」も今は桜花さんと齢の近い若いお客さんが多いけど、これから齢を重ねていく中で、引き続き桜花さんと同年代をターゲットにするのか、それとも今と同じ若い層を狙うのか、どこかで考えるタイミングが来るかもしれません。

●**桜花** うーん、私自身もLTVも年齢の問題からは逃げられそうもないですね……。

「年齢」データってこう見るんだ！

■ 年配の顧客の方が可処分所得が多く、変化を求めないためLTVは高くなりがち

■ 年配の人は移動が少ない傾向にあるので、住所のデータは貴重

■ 女性は自分の実際の年齢の「マイナス20歳」のイメージを意識しがち

2. 性別

> **男性の新規客獲得は難しいけど、一度付き合えば離れない**

- ◆博士　次の顧客属性は「性別」です。今はLGBTQなどデリケートな要素もありますが、ひとまずここでは男女別で考えてみます。桜花さん、男性と女性ではどっちがLTVが伸びやすいと思います？
- ●桜花　いきなり問題ですか。うーん……女性かな？　女性の方が購買意欲は旺盛だし。
- ◆博士　ハズレです。LTVが伸びやすいのは男性なんです。さっきの年配の人の話と重なりますが、男性の方が女性より面倒くさがり屋の人が多くて一度決めたらずっと同じという人が多い印象はないですか？
- ●桜花　確かに。女性は齢をとっても情報に敏感で「新しいお店ができたから行ってみよう」「今度はあそこに遊びに行こう」って感じですけど、男の人は「食事はココ」「服はコレ」「散髪は毎月第1日曜日、ココの店」ってキッチリ決めてる人が多い気がします。
- ◆博士　特に年配の男性は本当に好みが変わらない人が多いですよ。美容院とか病院とか一度決めたら何十年も同じという人も少なくありません。女性はその時の気分で変えたりすることもありますからね。ある意味、男性の方が一途というか、ガンコというか、あんまり新しいものにチャレンジしない性格というか。
- ●桜花　==でもそれってお店や企業にしてみればロイヤルカスタマーってことですよね。==
- ◆博士　そうなんです。さらに、男性にはお中元やお歳暮を贈る立場の人もいて。そういう人も一度「ココのコレ」と決めたら毎年同じところを使う方が多いように思います。
- ●桜花　単価の高い贈答品を大量購入！　男性のロイヤルカスタマーって神様みたいな存在ですね。

◆博士 少し脱線しますけど、自分用以外の商品を買ってくれるお客さんは本当に大事にした方がいいですよ。

●桜花 贈答用の商品を買ってくださるお客さんですよね。

◆博士 そう、通販でも一回の購入数が「3」とか「5」とか複数の人は要マークです。普通、自分が楽しむだけなら自分の分だけ、最低でも家族の分だけ買えばいいじゃないですか。でも明らかにそれより多い注文がされている。それって贈答用に使われてるってことで、贈答用に使われるってことは、こちらの商品やブランドを信頼してるんです。

●桜花 自分がいいと思わない商品は他人に贈らないですもんね。つまりこちらにリスペクトがある。そう考えたら、手土産やお歳暮に使ってくれるお客さんはロイヤルカスタマーに近い存在と言えるかもしれません。

◆博士 あと贈答用の商品は単価が高いし、数も必要だし。LTVが劇的に伸びる要素がたくさんあります。

●桜花 逃してはいけない上客ですね！

◆博士 一方で男性の新規客を獲得するのは難しいんです。女性の場合、割引とかクーポンを配れば「一回試してみようかな」と思ってくれる人もいるけど、男性はそういう情報にあまり反応しない傾向にあります。行動変容させるのが難しいと言えるかもしれません。

●桜花 一度足を運んでもらったら常連になってくれる可能性大なのに、その一度が難しい……悩ましいところです。

◆博士 ただひとつ言えるのは、男性客を獲ろうと思ったけど反応が鈍い、だからといってあきらめるのはもったいないということです。確かに女性客の方が獲得しやすいので力を入れたくなりますが、男性客は一度つながったら後で必ず挽回してくれます。LTV的に有効なのは男性ということを肝に銘じてほしいです。

●桜花 私もお店に来てくれる男性のお客さんにもっと優しくしようかな。

◆博士 それもいいかもしれませんね。今って女性客を見込んだサービスは多いけど、男性客に関しては競合が少ないのでそこに特化するというか。ニッチを攻めることに振り切ってもいいかもしれません。だっ

LESSON
4 実はデータってこう見るんだ！

て最終的には常連さんになって、LTVを伸ばしてくれるんですから。

● 桜花　ですよね。日曜の朝にリーズナブルなモーニングサービスとかを展開したら、家に居場所のないお父さんたちは喜んでくれますかね？

◆ 博士　「男性客は手堅い」という部分を利用して、男性客をひとつの収益の柱としてキープしておく戦略もあります。「Cafe アレグリア」は女性客が中心ですけど、土曜や日曜の午前中は年配男性にターゲットを絞る、と。売上の大黒柱にはならないけど、確実なサブの柱があるというのは経営的に助かるものですよ。

● 桜花　一度定着したら継続的にお付き合いしてくれる男性客が一定数いるというのは経営者として安心感がありますね。よーし、年配男性に向けたメニューやサービスを考えてみようっと！

「性別」データってこう見るんだ！

■ 男性の方が一度定着したら一途な傾向にあるのでLTVは高くなりがち

■ 女性の方が新しい情報に敏感。年配男性に行動変容を促すのは難しい

■ 大黒柱にならなくても男性用マーケットをサブの柱として保持しておくのは有効

3. 居住地

> **場所が変われば評価も変わるので早急な判断は禁物**

- ◆博士 次は「居住地」について考えましょう。お客さんが住んでいる地域によって顧客データの傾向は変わってくると思います？
- ●桜花 居住地ってつまり住所のことですよね。まず思い付くのが、その人が住んでるのが都会なのか田舎なのか。それによって人気商品や好みの値段は大きく変わる気がします。
- ◆博士 人もモノも豊富な都会に住んでるか、お店の少ない地方暮らしなのかは影響しますね。それぞれニーズも違うでしょうし、可処分所得も違うでしょう。
- ●桜花 私もお店を出す時にリサーチしたんです。都心の方にお店を出すと、家賃は高いけど全体的にメニューの値段も高くて大丈夫なんです。あと凝ったオシャレなメニューを出しても、お客さんは対応してくれる。でも地方に行くと、値段が少しでも高いと客足が途絶えるし、メニューも定番を押さえてないとお客さんが離れてしまう。お店を出す場所によって同じカフェでも全然違うんだなと思いました。
- ◆博士 お店に求めるものも違うけど、そこに住むお客さんのペルソナも違うものでしょうか？
- ●桜花 うーん、一般的には都心に住んでいる人の方がお金持ちで、LTVも伸びがちなんじゃないでしょうか。でも地方在住の人は保守的な人が多そうだから、一度取引をはじめたら長く続いて案外LTVは伸びるのかも？
- ◆博士 私の通販会社時代の話でいうと、通販って都会では全然ウケないんです。
- ●桜花 それは外に出ればすぐ買い物できるから？
- ◆博士 そう。あと大型ショッピングモールが多い地域もダメですね。逆に

LESSON
4 実はデータってこう見るんだ！

人気だったのは商店街がさびれている地域や、離島など交通網が十分とは言えない地域。こういうところは近所にお店がないぶん、モノへの欲求が高いんでしょう。

● 桜花　今はAmazonとかZOZOTOWNとかネット通販は当たり前ですよね。そこにも地域別の特徴とかあるんですかね。

◆ 博士　各地で売れる商品の傾向はすごく異なる気がします。あと地域別の特徴といえば、これは私の偏見かもしれませんが、北の人はCPOが高いという印象があります。CPO（Cost Per Order）とは「新規顧客1人に対して商品を注文してもらうために発生した費用」のこと。つまり広告費や宣伝費をどれだけかけたか。北海道や東北の人は慎重というか、なかなか新しいものに飛びついてくれないんです。逆に温暖な地域の人は新しいものに対する反応が早いです。

● 桜花　よく新商品のテスト販売に広島や静岡が使われますけど、それも地域的に温暖だからですかね？

◆ 博士　それに関しては、都会と地方の中間で日本の縮図だからと言われています。**日本は細長いし、地方によって個性が違うので、地域別・居住地別にお客さんを分類してみると自分たちが意図しなかった違いが見えてくるかもしれません。**

● 桜花　ウチの通販部門「Dearアレグリア」はまだそこまで全国に広がっていないけど、派手なデコレーションが関西圏で評判になったりして（笑）。

◆ 博士　自社の強みや個性って自分では案外わからないんです。それに場所が変われば評価が変わるってこともありますから。

● 桜花　地域によって美しいとかカワイイのイメージも違いますもんね。

◆ 博士　いろいろデータをチェックして"異常値"が出たら、そこにはなんらかの秘密が隠されてると思った方がいいですよ。「Dearアレグリア」も全国展開して関西圏だけ突出して売上がよければ、「実はインパクトのあるデザインがアレグリアの強みだった」ということになるかもしれません。とにかく1ヶ所だけで判断せず、いろんな地域で試してみることをオススメします。

● 桜花　心の通ったLTV的な付き合いを目指すには早急な判断は禁物、ってことですね。今のエリアで最愛の人に会えなくても、別の場所に行

3. 居住地

けば会えることもある、と。

◆博士　その通りです。あと最後にもうひとつ。**住所って昔はみんな普通に教えてくれてたけど、今はプライバシーの問題からなかなか教えてくれなくて。取得するのが難しい情報になってるんです。**

●桜花　確かに。LINEやメールアドレスは気軽に教えてくれても、住所まで書いてくれる人は少ないですね。特に若い人はあんまり住所に重きを置いてない感じだし。

◆博士　昔は電話番号を教えてもらえれば市外局番からだいたいの住所は割り出せたんですけど、今はみんな携帯電話ですから。

●桜花　でも通販の場合は、商品を発送するという名目があるので必ず住所を入力してくれますよ。

◆博士　そこは通販のメリットですよね。だから「Dearアレグリア」はそこでゲットした住所のデータから、地域別の分析が進められます。「Cafeアレグリア」で住所データを獲得するには、会員登録などをしてもらう際に「住所を書いてくれた方には特別なお知らせが届きます」と記すなどの一工夫が必要でしょうね。

●桜花　カフェの場合、住所を必須で書いてもらおうとすると怖がって逃げてしまうお客さんもいるので、住所をもらうための"理由"を考えるようにします。

◆博士　はい。でも住所は知っておいて損はない情報なので、頑張って入手した方がいいですよ！

「居住地」データってこう見るんだ！

- ■ 都会暮らしか田舎暮らしかによって顧客の好みや金銭感覚は変わってくる
- ■ 顧客を地域別に観察すると、自分たちでは意図しなかった自社の強みが見えることも
- ■ 居住地データを自然に入手するには、住所を教えてもらうための"理由"が必要

091

4. 収入

> 顧客の収入は高ければ高いほど
> いいというわけではない

- ◆博士　次の顧客属性は「収入」です。収入については何を思います？
- ●桜花　普通に考えて、収入が多いお客さんの方がうれしいですよね。LTVが伸びる可能性も高収入の人の方が高いんじゃないでしょうか。
- ◆博士　これがそうも言えないんです。**大事なのは自社がどのクラスの顧客層を狙うのかはっきりさせることです。**
- ●桜花　そりゃもちろん高収入を狙いたいところです！
- ◆博士　でも「Cafeアレグリア」のスペックで高級路線に行けると思います？　今の立地や商品群、お店の雰囲気で収入の高いお客さんたちが満足してくれると思います？
- ●桜花　そう言われると……ちょっと厳しいかも。
- ◆博士　これは会社として顧客にどんなペルソナを設定してるかによりますけど、ペルソナの収入は高ければ高いほどいいってものじゃないんです。店がイメージする客層と実際にお客さんが求めてるものが合ってないと、最初は興味を持って来てもらえても気づいたら見限られていたり、LTVが伸びてなかったりってことになりがちで。そういう時は戦略の見直しやペルソナを修正することが必要になるんです。
- ●桜花　理想と現実の間にギャップがあるってことですもんね。
- ◆博士　**LTVを追求するには、こちらがイメージする客層と商品やサービスの質がマッチしてることが一番重要なんです。**「機能性より安さが大事」と思っているお客さんには手頃な値段の商品を届ける、「値段より高級感が大事」と思っているお客さんには上質な商品を届ける。その需要と供給が合っているからこそ両者ともに満足できるし、取引が長続きするんです。
- ●桜花　問題は高い安いじゃなくて、ニーズと合ってるか合ってないか？

4. 収入

◆博士　そう、自社が売りたい商品は高価格路線なのか、中程度なのか、それとも安価なものか。それによってこちらがアプローチするお客さんの収入層も変わってくるというのが真実です。

●桜花　大事なのは自分たちの商品やサービスに合ったお客さんの経済レベルを見極めることなんですね。ついお金持ちのお客さんが来たらフラフラ行っちゃいがちでした（笑）。

◆博士　**桜花さん、前回も言ったように「LTVは永続的な心のつながりを目指すもの」。大事なのは相手の経済力じゃなくて、相手と自分の金銭感覚のバランスが取れていることじゃないんですか？**

●桜花　そうでした！　恋愛でも金銭感覚が一致していることって長く付き合っていける秘訣のひとつですもんね。ただ、お言葉ですが、そもそもお客さんの収入って普通にアンケートとかで答えてもらえるものでしょうか？

◆博士　それが難しいんです。「あなたの収入を教えてください」なんて質問、普通はできないですよね。

●桜花　じゃあ、どうやって調べるんです？　客単価や総売上みたいな形では出せるかもしれないけど、それと収入は直接は関係ないですもんね。

◆博士　だからいろんなところから推測するんです。たとえば職業。「会社員」「公務員」と言われると年齢からだいたいの年収が予想できるし、「医者」とか「経営者」だと結構収入は高いだろうと読み取れますよね。

●桜花　博士、探偵みたいな推理の仕方しますね！

◆博士　あとこれは収入とは直接関係ないけど、私はどういう媒体を経てこちらの商品を手に取ってくれたかをチェックしてます。

●桜花　媒体ですか？

◆博士　たとえばインターネットとかフリーペーパーとか無料の媒体に出した広告を見て来てくれたお客様は、やっぱり移り気なんです。**無料だから手を出しやすいし、瞬間的な反応はいいけど、結局はLTVに結びつかないことが多いんです。**

●桜花　じゃあ博士が重視してる媒体は何ですか？

◆博士　古いと言われるかもしれないけど、新聞からくるお客さんは重要ですね。**新聞に限らず雑誌もそうですが、有料媒体を手にするお客さ**

093

LESSON 4 実はデータってこう見るんだ！

んはそこに対価を払っているぶん、情報に向き合う姿勢も真剣で、収入もしっかりしている印象があります。

● **桜花** そんなところからも収入を探るんですか！

◆ **博士** 今の時代、新聞を取っている取ってないは大きな顧客属性の材料かもしれないです。私の中で新聞を取っている人は、年配で、保守的で、ある程度の収入があって、社会に対する関心や知的好奇心があるというイメージ。もっと言っちゃえばLTVが伸びそうなタイプです。

● **桜花** 私もその分析に賛成です。無料の情報に集まる人は普段から無料サービスに慣れている人で、有料の情報に集まる人はお金を払ってでもその情報がほしいというタイプ。そこにお金をかけられる余裕もあるわけですもんね。

「収入」データってこう見るんだ！

■ LTVは顧客の収入の高低より、こちらが想定するペルソナのイメージと合致してることが大事

■ 収入のデータを直接集めることは至難の技。職業や年齢などから推測する

■ 無料の媒体で集まる人は移り気。LTVを重視するなら有料媒体の方が効果的

5. 初回購入商品

> 初回購入商品には顧客の
> 一番のニーズや困りごとが表れる

- ●桜花　年齢、性別、住所、収入ときましたけど、他にお客さんを分類する属性って何かありますか？
- ◆博士　次は「初回購入商品」です。
- ●桜花　初回購入商品？　それってお客さんのことを知る上で重要なんですか？
- ◆博士　めちゃくちゃ重要ですよ！　初回購入商品って、つまりその会社に何を一番求めているか。そのお客さんのニーズの一番コアな部分が表れていると言っても過言ではないと思います。
- ●桜花　そうか……だってその人はそれがほしくて、いろいろ探して辿り着いたわけですもんね。まさに自社と知り合うことになったきっかけ。一番コアな接点と言えるかもしれません。
- ◆博士　お客さんはとにかくそれがほしくて、これまで一度も取引したことのないこちらに連絡してくれたわけです。初めてのお店に足を運んだり、一度も使ったことのないサイトでモノを購入するのって、かなりエネルギーのいる行為ですよね。つまりその商品には顧客をそこまで動かしてしまうパワーがあるんです。逆に言えば、積極的な行動を起こしてしまうほどお客さんはその商品を必要としていたんです。
- ●桜花　どうでもいい商品だったら、そこまでしないですもんね。ものすごく必要で興味を惹かれたからこそ「これ買いたい！」となったわけで。
- ◆博士　となると、その商品にはお客さんの一番のニーズや困りごとが表れるんです。また私の通販時代の話ですけど、一時期枕を売っていたことがあって。初回購入商品が枕だったお客さんは、その後もシーツとかマットとか睡眠系の商品への反応がいいんです。他にもカタログやDMを使っていろんな健康商品を紹介したんですけど、フッ

LESSON 4 実はデータってこう見るんだ！

トケア商品とか健康サプリとか運動グッズにはあんまり反応してくれなくて。やっぱり枕を買った人は睡眠に興味が向いてるんですよ。

● 桜花　それは面白いですね。初回購入商品にその人の興味は全部表れているのかも。

◆ 博士　サプリとか定期コースに加入する人の中には、「それだけしかほしくない」って人もいますからね。この商品を定期的に届けてくれればそれでいい、っていう。

● 桜花　完全にピンポイントですね。それはそれでニーズと提供商品が一致してるのでLTVが伸びそうです。

◆ 博士　それはそれでありがたいですけど、こちらとしては「他にこれもどうですか？　あれもどうですか？」と営業をかけていきたいじゃないですか。その際に初回購入商品が何かというのは、すごく参考になります。ざっくり「健康に関する商品だったらなんでもいいのかな？」と思って無遠慮にカタログを送りつけていると――。

● 桜花　「あなた、私のことわかってないわね！」となるわけですね。

◆ 博士　その通りです。それはお客さんに対する配慮も想像力も足りていない状態と言えるわけで。最初に購入したのが枕ってところにちゃんと着目して、「新商品で快眠シーツが出ましたけどどうです？」「GABAの入った安眠サプリもありますよ」と段階的に勧めていくと、「あなたわかってるわね。じゃあそれも一緒にお願いしようかしら」となるわけです。

● 桜花　さすがです。それで心のつながりを獲得して、客単価も上げて最終的にはLTVに結び付けるっていう。

◆ 博士　初回購入商品が何かということも大事ですが、初回購入金額がいくらなのかも注目してほしいです。

● 桜花　最初にいくら使ったかですか？

◆ 博士　初回の購入単価が5,000円なのか、10,000円なのか。これはLTVを考える上で大きな違いです。最初5,000円からスタートした人は、いろいろ営業努力して取引額を増やしても10,000円くらいまでしか伸びないことが多くて。でも最初にポンと10,000円を使ってくれた人は20,000円まで伸びる可能性があるんです。当然ながら初回購入金

096

額が大きい人ほどLTVも伸びやすい傾向にあります。

● **桜花** それはお店でも同じですね。2,000円のクッキーセットと3,000円のセット、5,000円のセットがあるけど、最初から一番高価な5,000円のセットを選んでくれる人は、その後も高価な商品を選んでくれます。初めてのお店でポンと高額を払えるというのは、その方の収入にも通じる部分がありますよね。

◆ **博士** ギフト商品の場合は特に最初にどれを選ぶかで、その人の金銭感覚や収入は感じられます。松竹梅ですぐに「松」を選ぶ人は本当の上客です。

● **桜花** ギフトは定価があってないようなものですからね。その人の気持ち次第なところがあるので、いくらの商品を選ぶかは私、すごく見てますよ。

◆ **博士** あと購入金額によってその商品に対する真剣度もわかります。最初に購入した商品が枕だったとして、それは10,000円の高級低反発枕なのか、3,000円のそばがらの枕なのか。後者だったら一時しのぎの可能性もあるけど、前者なら「この人は心から快眠と健康を求めてるんだ」となります。

● **桜花** そう考えると、第一印象って重要ですね。何を選んで、それにいくら払ってるか。そこにお客さんの情報はかなり含まれている。今後は出会いの瞬間をもっと大事にします。

「初回購入商品」データってこう見るんだ！

- ■ 一番最初に購入したものが、顧客が今一番必要としているもの
- ■ 初回購入商品から顧客の欲求の本質を推測し、そこから徐々に顧客ニーズの領域を広げていくことが重要
- ■ 初回購入単価が高い顧客の方がLTVは伸びやすい傾向にある

6. 注文方法・支払方法

> サブスクはもっともLTVに
> 近いサービス

- ◆博士 最後は通販に特化した顧客属性についてお話しします。まずは「注文方法」。
- ●桜花 注文方法？ 注文方法ってどんなものがありましたっけ？
- ◆博士 桜花さん世代はインターネットが中心でしょうけど、年配の人の場合は郵便はがきだったりファックス、あとは電話で注文してくる人もまだいるんです。
- ●桜花 注文方法の違いによってLTVの伸びに違いがあるんですか？
- ◆博士 LTVとの相関関係はそんなにないかもしれませんけど、郵便はがきで注文する年配のお客さんの場合、その後のコンタクトで電話をかけたりすると嫌がられる人もいて。あまりプライバシーに踏み込まれたくないんでしょうね。そういう人にはDMや郵送でカタログを送るなど、郵便だけの関係に留めたりしました。
- ●桜花 ある意味、文通というかペンフレンドというか（笑）。それもまた心の通わせ方の一例ですよね。そういうLTVも古風でいいような気がします。
- ◆博士 今後はさらにネット経由が当たり前になると思いますが、当然ながらその際はどこのサイトから流入して来る人が多いのか、導線のチェックは欠かせません。あと「支払方法」はLTVにかなり影響を与える要素だと思います。
- ●桜花 支払方法の種類は、クレジットカード決済、コンビニ払い、商品受け取り時に直払い、銀行振込……そんなところですかね。この中でLTVが高いのは、やっぱりクレジットカード決済かな？
- ◆博士 クレジットカードで払うお客さんは、基本的に客単価が高いです。いま手元にあるお金より「ほしい」「買いたい」が勝ってるわけだから

当然ですよね。カードに関して会社として狙いたいのは、会員登録してもらってカード番号も登録してもらうこと。銀行振り込みやコンビニ払いは1回だけの取引で終わってしまう可能性もあるので、今後も付き合いが続けられるように会員というつながりを作っておきたいところです。

● 桜花　いちいちカード番号を入力するのは面倒ですからね。**事前に登録してあればワンクリックで買えるので購入のハードルも下がるし。なるべく「会員登録せずに購入」ではなく「会員登録して購入」の方をお願いしたいところです。**

◆ 博士　そうしたカード決済のお客さんとの関係をもう一歩前に推し進めたい場合、どういう手段が有効だと思います？

● 桜花　カード決済のお客さんに、より簡単にサービスを利用してもらうためにどうするかですか？　何だろう……？

◆ 博士　サブスクですよ、サブスク。

● 桜花　サブスクリプション・サービス！　そうだ、私もいっぱい加入してるんだった。

◆ 博士　毎月口座から自動的に料金が引き落とされるサービスがあれば、顧客が何もしなくても勝手に取引が進んでいきますよね。サブスク契約を結ぶことができれば事前に将来の売上が計算できるし、それに対する商品の用意など作業の準備も進められるし、自動的にLTVも伸びていく。会社やお店にとっては、いいことずくめのサービスなんです。

● 桜花　お客さんが「やめる」と言うまで半永久的に続く契約という点で、サブスクはもっともLTVに近いサービスですね。いつもの恋愛にたとえると、サブスクって「あなたとは1回だけの取引ではなく、継続的にお付き合いします」という契約なわけだから、同棲とか結婚みたいなものかもしれません。

◆ 博士　同棲、結婚ですか!?

● 桜花　そう、「しばらくはずっと一緒にいます」という約束。一回契約すると解約するのが面倒くさくなったり、気持ちが冷めてもバタバタてて解約するのを忘れたり。そうやってダラダラ続いちゃうところ

LESSON
4 実はデータってこう見るんだ！

も同棲や結婚と似てるかも（笑）。

◆博士　桜花さんもスゴいこと言いますね……。でも確かに会社としては「カード払いにしてもらえると特典を付けます」とか「いつでも解約できるので定期コースにしてみてはいかがでしょう？」とか、なんとかカード決済、サブスク契約に誘導しようとしますね。

●桜花　まずはなんとか連絡先を教えてもらいたい、その次はなんとか一度デートしたい、最終的には永続的な関係を築きたい……なんだか人との関わりの真理を見せつけられてるような気がしました──ってこれは博士の考え方の影響でしょうか。

◆博士　今日はここまで。今日の授業はどうでした？　さまざまな顧客属性とLTVの関係、顧客データのどこをどう見ればお客さんのことを理解できるか、いろんな具体例を紹介しました。

●桜花　なにもかも「そういう見方があったのか！」ばかりでした。データの見方もそうだし、お客さんの捉え方もそう。これまで私はお客さんの何を見てお店をやってたんだろう、通販をやってたんだろうって、自分の商売の雑さ加減にショックを受けているところです。

◆博士　データをきっかけに新たな気付きを得られたのならよかったです。次回はいよいよ最終回。最後に改めてデータの重要性と意義についてお話ししたいと思います。

「注文方法・支払方法」データってこう見るんだ！

- ■ 顧客の年齢によって注文方法は異なる。サイトに関しては流入元のチェックが必要
- ■ 支払方法がクレジットカードの場合、客単価は上がりがち
- ■ 定期サービスであるサブスクに加入してもらうことがLTVへの一番の近道

桜花の復習ノート LESSON 4

　前回のレッスンと違って今日はほとんど数字や表が出てこない授業だったけど、やっぱり目からウロコが落ちることばかりだった。「実はデータってそう見るんだ！」って。お客さんの年齢とか住所とか、これまでそういうデータは知ってたけど、「○○だから××なんだ」って理論的に考えたことは一度もなかった。私はデータを見てたつもりだけど、本当は全然見てなかったのかもしれない。

　今日の博士はホント探偵みたいだった。「人は齢をとるにしたがって変化を求めなくなる」とか「新聞の広告からくるお客さんは、そこにお金を払っているぶん真剣で客単価も高い」とか、ナルホドなぁと思ったもんね。そして改めてビジネスと恋愛がソックリだという事実……そう考えるとLTVってやっぱり幸せな結婚ってことになるのかな？

今日のまとめ

- 年齢や性別、住所などによる分析からターゲットのペルソナの解像度を上げていくことが大事
- LTVは自社が想定する顧客のペルソナと、実際の顧客層が一致した先にある

LESSON 5

データは地図

LESSON 5 データは地図

データ活用の授業を受けて、最初にやらなければならないこと

　5回にわたって続いた博士のデータ教室も今日が最終日。桜花さんは手土産に「Dearアレグリア」のクッキーを持って、かしこまった表情で現れました。一方の博士も今日は一張羅のジャケットを着ています。データに関する師匠と弟子である2人にとって今日はひとまずの卒業式と言えるのかもしれませんが、果たしてどうなるのか……。

◆**博士**　いよいよ今日が最後の授業になります。桜花さん、これまでデータについて勉強してきてどうでした？

●**桜花**　ウッウッウッ、今日で博士とお別れだと思うと悲しくて涙が……と言いたいところですけど、とりたててそんなこともなく（笑）。でもビジネスに対する新しい視点を持てたところは本当に感謝しています。昨日もこれまで学んだこと、もう一度復習してました。

◆**博士**　まあ、ためになったのならそれでいいです。最後のレッスンとなる今日は改めてデータについて考えてみたいと思います。今日までデータについて学んだわけで、桜花さんの意識もビジネスセンスも以前に比べてぐっと成長しているはずですからね。

●**桜花**　もちろんです！　もう昔の私とは別人です。

◆**博士**　では、今はデータについてどう考えてます？

●**桜花**　もちろん非常に大事なツールだと思ってます。データはただの数字じゃなくて、普段なかなか対面することのできないお客さんの内面やペルソナを知るための材料。データにしっかり目を通すことで、自社にどんなお客さんが付いているか、どんな商品やサービス、広告が売上に貢献しているか、そして一番大事なこととして、優良顧客がちゃんと増えているかどうかを確かめることができます。データを見れば、一生付き合っていきたい優良顧客と心が通い合っているかどうかがわかるんです──以上、完璧な回答じゃないですか？

◆**博士**　それだけ？

- ●桜花　え、それだけって？
- ◆博士　桜花さんは、データを学んで何かアクションを起こしました？
- ●桜花　アクションって……勉強した内容をノートにまとめる習慣は付きましたよ？
- ◆博士　まだ、データの重要性がわかってないようですねぇ（ため息）……データの重要性を認識した上で桜花さんが一番にやらなければならないこと、それはズバリ今すぐデータ統合を進めることです！
- ●桜花　データ統合ですか？
- ◆博士　バラバラに収拾されているデータシステムの統合、専門用語では「インテグレーション」。最初にお会いした時、桜花さん言ってましたよね。カフェとECサイトのデータが別々のままになっている。さらに使っているソフトやサービスも、レストランボード、ホットペッパー、ぐるなび、SNSもLINEやInstagram……と全部バラバラだって。それって本当にもったいないですよ。今すぐ1つのフォーマットの下に全データが自動的に蓄積されていく総合的データベースを作りましょうって、最初に言いませんでしたっけ？
- ●桜花　あっ、確かに。ページをめくって確認したら（16ページ参照）、私、めちゃくちゃ急かされてるじゃないですか！　フムフム……データ活用の第一歩はまず自分の好きなようにデータを加工できるデータベースを整えること……料理を作るには食材がちゃんと下ごしらえされている状態にしなければならない……そういえばそういうことも習ったかも〜。
- ◆博士　いや、習ったかも〜じゃなくて、ちゃんと実践しないと！　「実践なき理論は空虚であり、理論なき実践は無謀である」と有名な経営学者である、ピーター・ドラッカーさんも言ってますからね。学んだことを実践してこそ、この講義は完了するんです。

今日は復習ということで気楽な気持ちでやって来たけど、いきなりガツンと怒られた。ドラッカーって名前も聞いたことある。でもこうして振り返ると、実は一番最初の時点で大事なことを教えてもらってたんだな。

LESSON 5 データは地図

> ### 経営が危なくなってから
> ### データの統合をはじめても遅い

- ●桜花　言い訳するわけじゃないですけど、データの統合は仕事が一段落した時やろうと思ってたんです。いずれはやらなければいけないとわかってるんですけど、手を付けるのが面倒で……。
- ◆博士　その気持ちもわかりますよ。最初にシステムを作るのはお金もかかるし手間もかかる。一番大変と言っていい作業ですからね。でも脅かすわけじゃないけど、データの統合って経営が危なくなってからはじめても遅いんです。
- ●桜花　ドキッ。ウチはまだ大丈夫ですよ！
- ◆博士　経営が危なくなってから大掛かりな作業をはじめると業務に支障をきたすし、そもそもデータは先を読むためのものですから。データって経営が危なくなるのを防ぐために活用するものなんです。
- ●桜花　どうしても今すぐ必要じゃない作業って後回しにしちゃうんですよね……データの取り方を変えるってことは経理関係のソフトもイチからやり直しになるでしょう？　そう考えたら、おっくうでおっくうで……。
- ◆博士　現在使えているものを全部手放して、基幹システムを作り直すわけですからね。それは勇気がいりますよ。
- ●桜花　でもシステム構築をやらないとデータ分析はできないんですよね？　せっかくここまで習ったのに取り組まないのは意味がないし、しかしそこには大きな障壁があるし……。
- ◆博士　最初は大変だと思いますけど、一度やってしまえばあとは半永久的にデータが整理されて、その後の作業が格段にラクになりますから。むしろやるのであれば、今後契約する会社や使うソフトが変わっても対応できるような汎用性のあるシステムを作った方がいいし、今後ビジネスを拡張していく計画があるなら、それも踏まえた上で弾力性のあるシステムを構築した方がいいですよ。
- ●桜花　システム統合の作業はシステムエンジニアの方にお願いすればいい

んですか？

◆博士 エンジニアやExcelに詳しい方であればExcelのVBA（データ処理など繰り返し行う作業を自動化する機能）や関数が使えるでしょうから、それを使って基盤となるデータベースが作れると思います。あとMicrosoft社から「Access（アクセス）」というデータベース管理専用ソフトが出ていて。これはデータベースの作成からデータの追加、変更などの機能があり、さらに大量のデータの蓄積に長けてるのでオススメです。

●桜花 ちょっと待ってください。えーっと、ExcelのVBAにAccess……今日は復習だと思ってたけど、まだ新しいことが出てくるんですね。

データは自動的に蓄積される 過去の記録でありファクト

◆博士 最後の授業でなぜ私が「データの統合は急いだ方がいい」としつこく言うかというと、データって必ず増えていくんです。データって貯まるばかりで減ることはないんですよ。

●桜花 データは増える一方？

◆博士 そう、だから今日データを取りはじめれば今日からデータは貯まっていきますが、逆に今日からデータを取らなければ今日のデータは失われてしまうんです。データはある意味、記録でありメモですよ。桜花さん、カフェに立ってどのお客さんが何をどれくらい注文したか憶えてます？

●桜花 私、記憶力はいい方ですけど、昨日今日くらいまでのことは思い出せても、それ以上前になると厳しいですね……。

◆博士 人の記憶力ってそれだけ頼りないし不確かなんです。でもこうやってデータという形で記録が残ると、「この日は何人が何をいくらぶん注文した」ということが明確に数字で把握できる。それがあるとデータを見て、今後もこれくらいお客さんが来るかもしれない、今後こ

LESSON 5 データは地図

ういうお客さんが来たらこう対応しよう、と未来を予測することができます。

●桜花　データによって過去が記録されて、過去を振り返ることができるようになる、と？

◆博士　過去を見ると、その向こう側に未来も見えてくるんです。だって「こういう場合はこれくらい売れる」というのが過去の実績としてわかるので、「だったらこれくらい商品を用意すればいい」「これくらい人員を配置すればいい」と想定できる。これによって商品や準備のムダ打ちがなくなります。

●桜花　逆に「予想以上にたくさんお客さんが来て、商品が足りなくなった」ってこともなくなりますよね。機会損失やコストのムダが減りそうです。

◆博士　データってつまりファクト（事実）なんですよ。過去にやってきたことにヒントがあれば、まずそれを踏襲すればいいし、それがイマイチだったらブラッシュアップして再構築すればいい。「この日にこれだけの人がこれを購入した」というのは厳然たるファクトですから、そこで見えた傾向を起点に将来の対策や方針を考えていこう、ってことなんです。

●桜花　「データはファクト」ってよく考えたら当たり前ですけど、すごく納得しました。そこに思い入れや曖昧さはないですもんね。その厳然たるファクトを記録していった総体がデータの正体なんですね。

◆博士　その貴重なファクトを記録するために必要なのがデータの統合なんです。一度作ったら貯まる一方のこのシステム、それは言い換えればシステムを構築しない限りデータをどんどん取り逃がしているということで、今この瞬間にもせっかく来てくださった貴重なお客さんのデータがドブに捨てられてて……。

●桜花　わかりましたわかりました！　さっそく今日帰ったら知り合いにデータ構築に詳しい人を紹介してもらって、データベースの構築を進めていきますよ。

◆博士　ちなみにExcelには分析ツールという機能もありますので、それを使って自分自身で取り組んでみるというやり方もありますよ。

最後のレッスンで私が伝えたかったのは、これまで学習したデータ活用術を実践することの大切さでした。案外ひとつのことを勉強すると、学んだことに満足してしまって実践にまで至らないケースがあります。

　でも私は学問は実戦で使ってこそすべてだと思います。特に今回、桜花さんは経営者としてレベルアップするためにこのデータ教室を訪れました。つまり学んだことを実践して、活用して、会社の売上を伸ばすことが最大の目的です。だから私は耳にタコができるくらいしつこく「今すぐデータ統合をはじめてください！」と言ったのです。

　ちなみに今話したことは、この本を読んでいるみなさんにも当てはまります。もしこの本を読んで「データってこう見るんだ！」というノウハウがつかめたなら、ぜひ自社のデータシステムを統合して、ご自分の手でデータ分析を実践してほしいのです。

　データベースを使って売上を伸ばす（マーケティングを行う）というと、規模の大きい会社や店舗じゃないとムリ、中小規模や個人にとっては難しい作業だと感じる人も多くいます。しかしデータというのは、お客さんの属性やお客さんが購入した商品の内容といった基本的な情報で成り立っています。これは決して特別なものではなく、多くの会社が記録として残しているものです。

　言い換えれば、役に立つデータとは、そうした基本的な記録・記憶を事前に決めておいたルールに従って蓄積することで得られるもの。それを統合・整理することでデータベースとして構築し、活用しているだけなのです。

　なので、たとえ小さな規模のお店や会社でも、基本的なデータを十二分に活用することで成長を遂げていくことは可能です。商売における基本的なデータをあらかじめ整理して、データベースにしておけば、中小零細であっても十分なマーケティング戦略を実践することができるのです。

　普段から手元に持っているのに、それをキチンと整理していないがために活用まで至らないというのは、文字通り「宝の持ち腐れ」じゃないでしょうか。それってもったいないことだと思いませんか？

LESSON 5 データは地図

苦労して手に入れたデータはプロモーションにも活用できる

- ●桜花　データ統合の重要性は身に沁みて理解しました。他に私に言い残すことはないですか？
- ◆博士　別に今生のお別れをするわけじゃないんだから（笑）。では遠慮なく言わせてもらいますね。桜花さんはますます困るかもしれないけど、これまでサマリーや移行表やRF表の見方を勉強して、さらに年齢や性別、収入といった顧客属性によってデータをどう捉えればいいか学んできたと思うんです。でもそれをやるにはデータの統合が必要で、それだけでも足りなかったりするんです。
- ●桜花　えー、まだ足りないんですか？
- ◆博士　私はたとえとして「すぐに料理を作れるよう、データが下ごしらえされている状態にしないといけない」と言いましたけど、データ統合がやってくれるのは食材を集めるまで。その先には食材をカットしたり、皮をむいたり、下茹でしたりする"加工"の工程が必要なんです。ジャガイモが皮のついたまま、鶏肉がパックのままだと料理はできないでしょ？
- ●桜花　こっちはすぐにデータ分析をはじめて一刻も早くLTVを高めたいのに……まだやらなければいけないことがあるんですか！
- ◆博士　データの統合ができたとしても、カフェのSNSで登録してる人と通信販売のECサイトに登録してる人が重複してたりする場合もありますよね。それを整理して仕分けたり。さらにアプリの場合はデータがクラウドで分離されてたりもするし。データをミックスして正確なサマリーや移行表を作るには、細かな"加工"が必要なんです。料理だっておいしいものに仕上げるには、灰汁をとったり鶏肉の筋を切ったり、手間のかかる作業が必要でしょう？
- ●桜花　それはそうですけど……このあたりはエンジニアさんにお願いすることも可能ですよね？　ご存じのように、私はヤヤコシイ作業が本当に苦手ですから……。

◆博士　そのあたりも含めてエンジニアさんにお願いするといいと思います。ただ、最終的なジャッジはその後のデータの使い方や会社の方向性がわかっている桜花さんにしかできないので、そこは頑張ってください。あと、他にやらなければならないことは……。

●桜花　まだやらなければならないことがあるんですか！

◆博士　データの統合、データの加工、それに続いて必要なのはデータの収集です。

●桜花　データの収集ですか？

◆博士　これも何度も言いましたけど、いかに顧客のデータを自然にゲットできる体制を整えるか。そこも考えなければいけません。

●桜花　食材がちゃんとした産地から、必要な量だけ入ってくるシステムを作らなければいけないってことですね。

◆博士　その通り。なるべく多くの人からデータを受け取れるよう、アプローチの仕方を考えた方がいいです。

●桜花　お客さんの収入を探るために選択式で職業を教えてもらったり、住所を書いてもらうため「オトクな情報をお届けします」と付記したり。博士ならではの姑息なテクニックはちゃんとノートに書いてます。

◆博士　姑息って言わないで！　そうしてゲットした貴重なデータをプロモーションに活用するというやり方もありますよ。たとえば誕生日を教えてもらったら、その日に合わせて割引特典の付いたサプライズレターを送るとか。「このハガキ持参で誕生月に限り10％割引します」って言われたら、もらった方もうれしいし、年に一度こちらのことを思い出してもらうチャンスになるんじゃないでしょうか。

●桜花　誕生日レターは私のところにもよく届きます。確かに年に一度のごあいさつレターに誕生日を利用するのはいいアイデアですね。

◆博士　あともしポイント制度を導入している場合は「ポイント切れちゃうぞキャンペーン」も有効です。

●桜花　ポイント切れちゃうぞキャンペーンもよくありますね！　ポイントの有効期限が1年間とかで区切ってあって、それを過ぎたらポイントが無効になる。だったらそれを使って何か買いませんか？　っていう。

◆博士　人はムダを嫌う生き物なので「せっかくのポイントが無効になっちゃ

う……だったら何かに使おう！」ってなりがちですからね。それに「ポイントの有効期限をお知らせします」という名目があれば、自然に顧客にアプローチできます。理由もなく連絡したりDMを送ったりしたら鬱陶しがられるんで、こうした正当な"連絡する理由"は積極的に活用して、自社の存在をアピールしていきたいですね。

●桜花　確かに無闇に連絡されたらイヤになるけど、「ポイントが切れそうです」って連絡だったらありがたいし、こっちも「じゃあ何か買わなきゃ」って気持ちになる。うーん、実に姑息だけど理に適ったやり方です。

◆博士　だから姑息って言わないでくださいよ！

データ分析に取り掛かる前に、やらなければならないことがいろいろある。データの統合、データの加工、データの収集……そのひとつひとつに博士のこれまでの人生経験が反映されてるのがすごい。やっぱり博士、只者じゃないね。

データは人材育成のためのツールにもなりうる

◆博士　いよいよ私の講義もおしまいです。今改めて「データとは何か？」って尋ねられたら桜花さんは何と答えます？

●桜花　データとは何か……「データとは日記帳である」ってどうです？さっき博士が「データは記録だ」って言って、そうだなって思ったんです。1日1日憶えているつもりでも毎日は違ってて、お客さんの出入りも付き合い方も異なってる。それを日記帳のようにちゃんと記録しておけば、「あの時はこうだったな」「この時はこうだったな」と後で振り返ることができる。経営というものに毎日丁寧に向き合い、お客さんとの一期一会の出会いを忘れないためにも、データを使ってもっと日々を大切に過ごしていこうと思いました。

◆博士　パチパチパチ！　素晴らしい。もう私から言うことは何もないです。
では講義の最後に２つだけ、私が今感じてるデータの重要性を言葉
にして贈りたいと思います。

●桜花　博士からの卒業プレゼントですね。

◆博士　まず１つ目は「データは共通言語である」。

●桜花　共通言語ですか？

◆博士　そう、共通言語です。「Cafeアレグリア」と「Dearアレグリア」、今
は桜花さんとパートナーのパティシエさん、バイトさんくらいで、ま
だ関わってる人の人数が少ないですよね。でもこれから会社の規模
が大きくなったり、プライベートなどで桜花さんがしばらく店を空
けないといけなくなったらどうでしょう？　今は桜花さんが全部仕
切っているけど、そうした経験値を他の誰かに伝えることが必要に
なりますよね？

●桜花　それは私も考えてました。この先、私が結婚したり出産したりした
らこのお店どうなっちゃうんだろうって。

◆博士　もちろんそれ以前に信頼できる人を雇って、お店のこと、通販のこ
とをイチから教えておくのが一番です。でもそれにも限界があると
いうか、結局桜花さんの肌感覚だからどうしても抽象的になってし
まうと思うんです。

●桜花　今も野生のカンでやってますからね……。

◆博士　でも、もしそこに過去のデータが残っていたらどうでしょう？　残
されたデータを見れば、それまでお店や通販がどんな状況だったか
新人さんでも理解することができます。さらに今回私がお教えした
サマリーや移行表、RF表の見方、ここを注意して見て、ここがこう
なったらこういうふうな施策をするということが決められていたら
──。

●桜花　仕事を他の人に引き継げるマニュアルになる？

◆博士　その通りです。桜花さんが身につけたノウハウを正確に他の人に伝
えることができませんか？

●桜花　なるほど、そういう意味で共通言語なんですね。データを使わない
と感覚やイメージだけで伝えることになって、なかなか正確に伝わ

LESSON

5 データは地図

らないけど、数字という共通の言語、その数字の見方というロジカルなガイドがあることで、みんなが私と同じ視点を持つことができる、と。

◆博士 データはいつ誰が見ても同じなんです。なのでその見方のルールを決めておけば、桜花さん以外の誰がやっても同じような経営状況をキープできませんか？

●桜花 それって人材育成につながるかもしれませんね。

◆博士 そうなんです。データ分析ってLTV的な意味合い以外にも、社内の属人化の解消、人材育成という面も大きくて。データ分析を学ぶことで若手社員は会社全体のことを考えられるし、LTVについても深く理解するようになる。私は人材育成ツールとしてのデータの重要性をもっと多くの人に認識してもらいたいと思ってます。

●桜花 私自身がそうだったように、データを知れば経営全体、そしてロイヤルカスタマーの存在も理解できますもんね。従業員が育てば育つほどお店の底力も上がっていくわけで。

◆博士 そうするとさらに新しいお客さんが増えて、新たなデータがとれるようになる。そうするとより緻密な顧客分析が可能になる……といった好循環が生まれます。私はこのデータ教室で桜花さんとお話ししてて、桜花さんの人柄と頭の回転の速さに感銘を受けました。桜花さんのお店は今後ますます繁盛すると思います。

●桜花 ありがとうございます。

◆博士 だからこそ人が増えた時のため、従業員同士をつなぐ共通言語となるデータの扱い方をマスターしてほしい、さらにそれを伝えていってほしい——そんなふうに思ったのです。

> いよいよこの講義も終わり。博士が私にくれた1つ目の言葉——「データは共通言語である」。データに人材育成という側面があったなんて！ 「きっとこれからお店が成長して人が増えていくから知っておいてほしい」って……泣ける〜〜〜。

114

既存顧客が3ヶ月連続で減っているのは経営が黄信号のサイン

- ●桜花 ちなみに博士、データの見方で一番大事なところはどこですか？ とにかくここをチェックしておけば間違いないっていう。
- ◆博士 それは「既存顧客が着実に増えているかどうか」でしょうね。それが商売の本来の目的ですから。ただそれだけでなく、同時にどんな人が買っているか把握しておくことも重要です。たとえば新規顧客が増えて既存顧客が減っている状態って、数字を見ただけでは「普通に売上は上がってる。問題ない」と思えてしまう場合もなくはないんです。
- ●桜花 目の前にお客さんがいるとそれで安心しちゃいますもんね。でも大事なのは既存顧客っていうかロイヤスカスタマーの存在？
- ◆博士 そう、既存顧客が3ヶ月連続で下降傾向にあれば、その時は経営の何かが間違っていると思った方がいいです。たとえ店頭は盛り上がっていても、その一方で既存のお客さんが離れている。それはLTVを大事にする上で一番の問題です。
- ●桜花 末永いお付き合いを目指してるのに、これまでなじみだった人たちがどんどん離れていく……。新しい人と知り合う歓びより、これまで仲良かった人が離れていく恐怖の方が私にとっては大きいです！
- ◆博士 何度も口を酸っぱくして言っていますが、せっかく一度心と心が通じ合ったのに、その人が自分から離れていってるわけです。こちらから追いかけて、告白して振り向いてくれなかったのなら仕方ないですけど、一度は付き合った人が去っていってしまう……こんなに悲しいことはないですし、LTV的に言ってもこんなにもったいないことはありません。その時は「何か大事なことを忘れてないか？」、そして「今からでも何かできることはないか？」とすぐに行動を起こすことが重要です。間違った施策をやったにしても、早めに修正できれば傷は最小限で済みますから。
- ●桜花 既存顧客が3ヶ月連続で減っていたら黄信号──今後はそれを心に

LESSON

5 データは地図

留めてお店をやっていきます！

◆博士 そういうピンチを未然に防ぐためにあるのがデータなんです。お店や会社ってある日突然ダメになるわけじゃなくて、必ずその前に予兆があります。沈みそうな船からネズミが逃げ出すように、既存顧客が少しずつ流出していくんです。でも逆に考えれば、その現象さえチェックしておけば、経営が手遅れになるということはまずないはずです。

●桜花 会社が本当にヤバい状態になってジタバタすると、逆に悪手を打ってしまってお客さんから心底愛想を尽かされちゃうって結構ありそう……。私のこれまでの経験でも、彼の心が冷め切ってるのに大泣きしちゃって、それが決定的な原因になって別れることになったり……ああ、またイヤなトラウマがよみがえってきた！

◆博士 恋もビジネスも、こじれてるのが初期段階なら回復のさせようがあるんです。どちらも末期になればなるほど冷静な判断はできなくなりがちです（笑）。

●桜花 恋もビジネスも……結局、博士に教えらえたのは「ビジネスがわからなくなったら恋愛にたとえて考えろ」、これに尽きるかもしれません（笑）。

◆博士 細かい話になりますけど、結局私たちが何のためにプロモーションしたりマーケティングしたりしてるかを考えたら、ロイヤルカスタマーを増やすためなんです。企業活動において設備投資は減価償却が適用され、いずれ会社の資産になりますけど、こうしたロイヤルカスタマーを増やすための経費は資産にならない代わりに全額経費として計上できます。そう考えるとデータ統合やデータ分析のために経費を使うのは先行投資でもあるし、経費計上もできるメリットをもっと重視していいかもしれません。

●桜花 最後に来てむちゃくちゃビジネスライクな提案しますね。

◆博士 普通の会社でも年度末にお金が余ったら、それを広告費に使って、新年度の売上に充てたりするじゃないですか。それと同じですよ。広告に使っているお金をデータ分析に使えば、財務処理で使い切れるし、将来的な売上にも反映される。そういうことです。

つい話が盛り上がって、細かい財務処理のことにまで言及してしまいました。データ統合や分析にはお金がかかると言いましたが、広告費やマーケティングにお金をかけるのならこっちの方がメリットあるよ、ということをお伝えしたかったのです。

　なかなか腰の重い経営者の方も、「先行投資としてのデータ統合（しかも経費として処理可能）」と思えば、データに対する向き合い方も変わってくるのではないでしょうか？

データは地図。経験で学んだことを書き込んでいこう

- ●桜花　博士、さっきデータに関して伝えたいことが2つあるって言ってましたよね。1つ目が「データは共通言語である」。もうひとつは何なんですか？
- ◆博士　話が脱線してそのままになってましたね。データは共通言語であり、大事なお客さんのことを探るヒントであり、これまでの自分と大切なお客さんとのお付き合いの記録であり、お客さんの心の中というブラックボックスを可視化するための装置であり……いろんな表現をしてきましたが、それらを全部ひっくるめて最近私が思うのは、「データは地図である」ということです。
- ●桜花　地図ですか？　そのココロは？
- ◆博士　さっきの共通言語と重なりますけど、地図がない状態で知らない場所を歩いたらまず迷うじゃないですか。
- ●桜花　私は方向音痴なんで、ナビがないと絶対迷子になります。
- ◆博士　それは会社経営やお店の運営も同じ。何のリサーチもせずビジネスをやろうとしても絶対失敗すると思うんです。何の情報もない中で商品を売ったり、サービスを展開するのは無謀にもほどがあります。でもデータという形で過去の蓄積があれば、それを参考にできる。「ここは危ないから避けた方がいい」「こっちには道があるから進ん

LESSON
5 データは地図

で大丈夫」って自分が間違った方向に行っていないことを確認できます。

● 桜花　地図もナビもない状態で見知らぬ場所を進むなんて怖すぎますよ。

◆ 博士　さらに、地図があれば、みんなが同じイメージを持ちながら進んでいくことができるんです。「3番目の角を曲がります」とか「川に沿って歩きましょう」とか。そういう意味で、地図はみんなの共通言語になるんです。

● 桜花　地図がないと、人によって「今自分は坂道を歩いている」とか「自分は山登りをしている」とか、全然違うことを思っているかもしれません。

◆ 博士　「この上り坂はもうすぐ終わる」と思っている人と「この上り坂はまだまだ続く」って思っている人が社員の中に混在していたら、会社の一体感はなかなか出ませんよ。

● 桜花　あと、もしデータが地図だとしたら、「ここに橋があった」とか「ここに親切なおじさんがいる」とか歩きながら知った情報を書き込んでいけば、さらに地図が詳しくなるし、後から来た人の役に立つかもしれませんね。

◆ 博士　最初は白地図かもしれないけど、経験を重ねていけばだんだん地図が詳しくなって、より正確に全体像を把握できるようになる──そういうところもデータと同じかもしれないですね。

● 桜花　ですよね。

◆ 博士　あともうひとつ、地図もデータも、読めない人にとっては暗号に見えたり数字の羅列に見えたりするけど、一度見方のルールを憶えてしまえば、そこに山があることが想像できたり、お客さんの心の中が手に取るように感じられたりする。そのあたりも地図とデータって似てませんか？

● 桜花　出た、博士のドヤ顔！　今、うまいこと言った的な顔してますよ。

◆ 博士　我ながら、このたとえは的確だと思ってて。たとえ道に迷っても、地図を持っていたら最初の位置に戻ってやり直すことができるんです。すごく困難な状況に陥っても、あとから冷静に見たら「なんだ、この山をぐるっと回れば近道だったんだ」って理解できたりする。他

118

にも同じような状況に遭遇したら「ここは前も通ったから、こっちに行けばいい」って判断できたり、知らない場所に出たら「ここは前に通ったあの場所と似てる」って予測がつけられたり……。

● **桜花** わかりました、「データは地図である」いただきます！　博士、長い間本当にありがとうございました。おかげで私、データに詳しくなれただけでなく、人間的にも成長できた気がします。

◆ **博士** 桜花さんもおつかれさまでした。晴れてデータ教室の卒業を認めます！

桜花の復習ノート
LESSON 5

　今日の授業、最後の振り返りだからカンタンだろうと思っていたけど、それでも新しい気づきがたくさんあった。「データは共通言語」「データは地図」……博士は明らかに前から用意していてドヤ顔だったけど、グサッと胸に刺さった。そうか、データって地図なんだ――と思ったら、なんだかワクワクしてきた。私はこれから新しい場所を冒険するためのアイテムを手に入れたのだ。これがあれば、どこにでも行ける。どんな知らないところに行っても、もう怖くない。そう思えたら、本当に博士のところに来てよかったと思った。

　そして冒頭に言われたみたいに、結局データは学んで終わりじゃなく、活用することが大事なんだろう。データ統合とかは面倒そうだけど、なんとか頑張って挑戦してみよう。私には博士のデータ教室で学んだことをまとめたこのノートがある。わからなくなったらこれを見返せばいいし、それでもわからなければ……また博士のところに聞きに行こう。お店のクッキーを持って行けば、きっと喜んで迎え入れてくれるはずだから。

今日のまとめ

- データは貯まるばかりで減ることがない。だから一刻も早くはじめることが大事
- データは過去のファクト。過去を見ると、その向こう側に未来が見える
- データは地図であり共通言語。最初は見方が不明でも、一度わかれば全体が理解できる

あとがき

レッスンが終わってから1ヶ月後、桜花さんからこんなメールが届きました。

博士、お元気ですか？　私は元気にやってます。

突然ですが、博士がデータ教室の最後に言われた言葉、憶えてます？　私はちゃんと憶えてますよ。

「実践なき理論は空虚であり、理論なき実践は無謀である。まずはデータの統合をして、ちゃんとデータ分析を実践しなさい！」

今日まさに先程、お願いしてたフリーのシステムエンジニアさんのところに行って、完成した「アレグリアデータベース」の説明を受けてきました。これまでバラバラに保管してあった顧客データがこれで1つになります。お店でアンケートに答えてくれた方も、通信販売でクッキーを買ってくれた方も、同じフォーマットでデータベースに貯まっていくのです。

そうそう、博士！　今すぐやらないとどんどんデータが逃げていく……みたいなことを言って私を脅かしたけど、ちゃんと過去のデータもインストールできるっていうか、全部フツーに取り込めるじゃないですか！　あの後、焦ってすぐにエンジニアさんのところに駆け込んだのに……。まあ、焦らされたおかげで行動に移せたからいいんですけど、それも博士の思うツボだったのかと思うとなんか悔しいんですよね。

データベースが完成して、実際の活用はこれからだけど、私は今とても希望に燃えています。これまでお店に来てくれたり、ECサイトでお菓子を買ってくれたお客さんのデータが確認できるようになって、「この人たちがこれまでアレグリアを支えてくれたんだな」としみじみ感じたし、「こうして全体が見えるようになったんだから、もっとみんなのことを大事にしよう」「この人たちとこれからもずっとお付き合いしていけるよう頑張ろう」、そういうふうに思ったんです。

改めて、博士にはデータの見方はもちろん、ビジネスというものへの向き合い方、お客様という存在のありがたさについてイチから教えてもらった気がします。数字ギライを克服できたことも大きいです。「絶対ムリ〜」って思

うようなことでも、真剣に向き合えば乗り越えられる。ノートを買って復習したのなんて学生の時以来だけど、こういうのも楽しいな、もう一回いろんなことをちゃんと勉強したいなと思うようになりました。

今度、またウチのお菓子を持って遊びに行きますね。データ教室の時は余裕がなくて聞けなかったけど、最終的にはビジネスに結びつくことになった博士の恋のお話も一度聞いておかないといけないと思ってます（笑）。人生の師匠として、いろんな方面で今後もご指導願えるとうれしいです。

それでは、また。私もこのデータベースの使い方に慣れるまで、もう少し数字と格闘してみます！

Cafe & Dearアレグリア　安田桜花

◆

この本の制作にあたって多くの方のご協力をいただきました。

編集を担当してくれた株式会社ザメディアジョンの山本速さん、芝紗也加さん、面白い本のアイデアをありがとうございました。執筆を支えてくれた作家・ライターの清水浩司さんにも感謝いたします。広島で「ステーキ　青ひげ」を営む「青ひげ株式会社」代表取締役の谷太輔さんにはデータ活用のリサーチでご協力いただきました。お礼申し上げます。

また、本の出版のきっかけを作ってくれた「一般財団法人ブランド・マネージャー認定協会」の岩本俊幸代表理事、徳永美保さんにもお世話になりました。

そして私の通販人生において、さまざまな知識とチャンスを与えていただき、経験を積ませてくださった株式会社レミントンの田中利昭会長、前職及び業界の先輩方、仲間たち、お客様に対してもこの場を借りて最大限の感謝を捧げたいと思います。

本書はこれまで通販事業に携わってきた私が、試行錯誤の末に獲得したデータにまつわる知識を一冊にまとめたものです。

言うまでもなく、通信販売の発展した形態であるECビジネスはインターネットが常態となった現在の商取引の基本となるものです。そんな中で「顔が見えないお客さんのことを想像する」という行為は今後ますます重要なものになってくると思われます。すべてがデジタル化していく社会だからこそ、いかにデータから人の姿を思い描き、心情を予測するか。そうしたロジックに支えられたイマジネーションのチカラはこれから先さらに求められるのではないでしょうか。

　桜花さんのように理想的にいくことは難しいかもしれませんが（笑）、それでも本書がみなさんにとっての発見と転機の一冊になることを祈っています。

2025年1月17日　坂田 純

［著者］
坂田 純

さかた・じゅん◎中央大学卒業後、美術工芸品専門
の通信販売会社に就職。主に複製名画、洋画、工芸
品の商品企画開発に携わり、通信販売の企画コンセ
プト立案や商品開発の手法を学ぶ。退社後、健康雑
貨を販売する通信販売会社「株式会社レミントン」
に1号社員として入社。年間売上5億円のヒット商
品を自ら開発し、同社の事業を軌道に乗せることに
成功する。後に常務取締役を経て、2011年に代表取
締役に就任。11年間社長として経営を執り行い、年
商50億円を達成。2022年4月末に退任した。
2019年、「合同会社マーケデュケーション」を設立。
現在は通販・マーケティング会社に対する企画販売
支援、データ分析支援、組織開発・人材育成支援事
業等を行っている。

合同会社マーケデュケーション

• 会社ホームページ
https://www.markeducation.co.jp/

•note「意識低い系経営者 坂田純」
https://note.com/markeducation

• メールアドレス
info@markeducation.co.jp

LTVを最大化させる
「顧客データ」活用の教科書
実はデータってこう見るんだ！

2025 年 1 月 17 日　初版発行

著者	坂田 純
発行人	田中朋博
発行所	株式会社ザメディアジョン
	〒733-0011 広島市西区横川町 2-5-15
	TEL 082-503-5035　FAX 082-503-5036
企画・監修	一般財団法人 ブランド・マネージャー認定協会
構成	山本速
編集	清水浩司　芝紗也加
デザイン・DTP	向井田創
印刷・製本	株式会社シナノパブリッシングプレス

©2025 Jun Sakata
Printed in Japan
ISBN978-4-86250-819-5

落丁・乱丁本は、送料弊社負担にてお取替え致します。本書の無断転載をお断りします。

BM協会出版局
実践者による実践者のための実践書

一般財団法人ブランド・マネージャー認定協会（本書企画・監修）のブランディングや書籍出版のノウハウを活かして、あなたの貴重なビジネスノウハウを商業出版として広く読者にお届けします。

出版会議を定期的に開催しています

出版を希望する方が、その本のテーマや企画をブラッシュアップしていく会議です。ブランディングや編集者の視点、市場のニーズなどあらゆる視点から議論します。本の出版には専門の知識が必要ですが、編集のプロや出版局が編集の視点はもとより、ヒットさせるための観点などを踏まえてアドバイス。またオブザーバーが読者の視点や知見を交えてフィードバックをし、出版までのブラッシュアップをサポートいたします。

https://www.brand-mgr.org/publishing/

問い合わせ

株式会社ザメディアジョン（BM協会出版局内）
TEL：082-503-5035
メール：shuppan-media@mediasion.co.jp